저 위에 있는 것을 추구하세요

―묵상으로 보는 한 해―

요셉 라칭거(교황 베네딕토 16세)

김정희 옮김

피데스 출판사

표지그림: 부활절(쾰른 대성당, Cod. 218, 11세기 작)

사진: J. Schlafke 박사

머리말

헤르더 출판사의 친절한 초대로 내게 된 이 작은 책자에 뮌헨 교구장 시절에 했던 강론과 연설 가운데 몇 부분을 다시 소개합니다. 그간 부활절을 맞아서 했던 여러 강론과 묵상이 근간입니다. 그걸 중심으로 여러 교회 축일이며 세속의 기념일을 맞아 방송되었던 짤막한 인사말을 종류별로 모았습니다. 그 발언들이 생긴 계기가 우연인지라 여러 군데 되풀이며 겹치는 부분이 있기는 하지만, 어쩌면 그 덕에 똑같은 생각이라도 여러 측면과 맥락에서 그 의미를 더 깊이 파악하는 데 도움이 될지도 모르겠습니다. 여기 이야기된 것은 거기서 다루어지는 커다란 주제에 비추자면 미완의 단상들일 뿐입니다. 희망이라면, 이들 짤막한 글의 바로 그 미완결성과 파편성이 독자들 스스로의 사고와 행동에 옮기게 해주었으면 합니다.

1984년 성모몽소승천 대축일을 맞아 로마에서

요셉 라칭거 추기경(교황 베네딕토 16세)

차 례

머리말 … 3

대림절 묵상 … 15

Ⅰ. 희망을 일깨우는 기억 … 15

Ⅱ. 가까이 계신 하느님의 신비에 다가가는 용기 … 19

Ⅲ. 밤을 벗어나기 … 23

Ⅳ. 새로운 인성의 빛 … 27

성모 마리아 취결례(2월 2일 주님봉헌축일) … 33

혼돈과 빛의 만남 … 33

축제－카니발 … 37

우리 자유의 토대 … 37

부활절 신비로 가는 길 … 42

Ⅰ. 저 위에 있는 것을 추구하세요(콜로 3,1) … 42

Ⅱ. 예수의 일 하기가 아니라－예수 자신으로 살기 … 56

Ⅲ 심판과 구원 … 65
Ⅳ. "성문들아, 머리를 들어라"(시편 24,7) … 69
Ⅴ. 증인들의 이야기 … 74
Ⅵ. 저녁에 눈물, 아침에 환호 … 79

성령의 잔치 … 83
Ⅰ. 고요에서 얻는 힘의 각성 … 83
Ⅱ. 성령에 부합한 행동에 대한 묵상 … 92

성체 성혈 대축일의 의미 … 98
Ⅰ. 주님 앞에 서기 … 99
Ⅱ. 주님과 함께 가기 … 104
Ⅲ. 주님 앞에 무릎 꿇기 … 108

오월의 성모 신심－성찰과 기억 … 111
Ⅰ. 색과 음이 있는 신심 … 111
Ⅱ. 본질로 이끄는 마리아의 침묵 … 117

휴가철 명상 … 125
Ⅰ. 우리가 찾아 나서는 것 … 125

Ⅱ. 진정한 삶의 추구 … 128

Ⅲ. 쉼의 역할 … 132

기 타 … 136

Ⅰ. 놀이와 삶 … 136

Ⅱ. 열린 교회와 닫힌 교회 … 140

Ⅲ. 평 화 … 144

Ⅳ. 하느님 창조의 보호 … 148

책을 펴내면서 … 152

다른 민족들에게는 계시의 빛이며

당신 백성 이스라엘에게는 영광입니다.

루가복음 2,32

젠틸레 다 파브리아노(Gentile da Fabriano)의 “아기 예수와 성모 마리아”

(15세기) 사진: 헬무트 닐스 로제(Helmuth Nils Loose)

"너는 나를 보고서야 믿느냐?
보지 않고도 믿는 사람은 행복하다."
요한 20,29

예수와 믿음이 약한 토마스(12세기말), 빌텐 수도원의 기증품

예술역사 박물관(비엔나) 사진: 에리히 레씽(Erich Lessing)

SPI
SAN
TVS
IN EIS
IGN LIN

그리고 불꽃 모양의 혀들이 나타나
갈라지면서 각 사람 위에 내려앉았다.
그러자 그들은 모두 성령으로 가득 찼다.
사도행전 2, 3-4

성령의 강림. 성 (대)마르틴의 복음집, 쾰른(1230경), Ms 466/9222, fol. 107r. 알베르트 1세 왕궁 도서관(브뤼셀)

"그들이 음식을 먹고 있을 때에
예수님께서 빵을 들고 찬미를 드리신 다음,
그것을 떼어 제자들에게 주시며 말씀하셨다.
'받아라, 이는 내 몸이다.'"
마르코복음 14, 22

영성체. 성 (대)마르틴의 복음집, 쾰른(1230경), Ms 466/9222, fol. 7v
알베르트 1세 왕궁 도서관(브뤼셀)

대림절 묵상

I

희망을 일깨우는 기억

영국의 작가 찰스 디킨스(Charles Dickens, 1812-1870)가 어느 성탄절 이야기에서 마음의 기억을 잃은 어느 남자의 이야기를 다루었지요. 그 작품이 말하고자 한 바는, 인간적인 고통을 겪으면서 자라난 감정과 생각의 사슬 전체가 사라져버리고 말았다는 거예요. 사랑의 기억이 이처럼 통째로 지워졌다는 게 그 남자에게 지난날의 힘겨운 짐으로부터의 해방을 주지만, 그 즉시 기억의 소멸과 함께 사람이 통째로 변해버렸다는 사실이 드러나요. 기억의 고갈과 함께 그 사람에 깃들었던 온갖 선의 원천들이 동시에 사라져버린 거예요. 그 결과 그 남자는 냉혹해지고 주변에 냉기가 퍼져갑니다.

괴테(Johann Wolfgang von Goethe, 1749-1832)는 나폴레옹전쟁의 긴 휴전 끝자락에 겨우 다시 처음 개최된 빙겐의 로쿠스(Rochus) 축제를 그린 이야기에서 앞서 디킨스가 했던 것과 똑같은 생각을 펼쳐요. 그는 사람들이 밀물처럼 한꺼번에 교회 안으로 밀려와서 성인의 그림을 지나치며 이동해가는 모습을 지켜보아요. 그러면서 그들의 얼굴을 바라봐요. 아이들의 얼굴도 어른들 얼굴도 다 빛나요. 축제 날의 기쁨이 되비치는 거지요. 하지만 괴테에 따르면 젊은이들만은 달랐습니다. 젊은이들은 아무런 관심도 감동도 흥미도 없이 그냥 지나가요. 그 이유에 대한 설명이 시사하는 바가 커요. 불행한 시대에 태어난 그 젊은이들은 선한 것에 대한 그 어떤 기억도 가진 게 없었고, 그래서 희망할 것도 없었다는 것이거든요. 이것은 기억할 수 있는 사람만이 희망 또한 품을 수 있다는 것을 말해주지요. 선하고 좋은 것을 경험해 본 적 없는 사람은 그걸 알 도리도 없으니까.

절망의 벼랑 끝에 선 사람들과 많은 대화를 나누었던 어느 사제가 얼마 전에 선교 활동 중에 자신이 하던 일에 대해 이렇게 이야기하더군요. 절망한 자에게 좋은 경험의 기억을 일깨워주는 데 성공하면, 다시 선(善)을 믿을 수 있고, 그러면 절망에서 벗어나는 길이 열린다. 희망은 기억과 분리되지 않고 함께 가요. 지난 과거가 독(毒)이 되고 만 사람은 희망을 줄 수 없을 뿐만 아니라 그의 영적 근간까지도 파괴되고 말아요.

찰스 디킨스의 저 이야기가 가끔 현재 경험들에 대한 비전처럼 보이려고 하곤 해요. 그릇된 해방에 대한 몰지각한 생각 때문에 마음의 기억이 지워졌던 사람－무슨 해방의 교육학으로 과거를 독살하여 희망을 믿을 수 없게 된 세대에만 그런 사람이 있을까요? 우리 젊은이들 일부가 얼마나 염세주의적 태도로 미래를 바라보는지, 그런 이야기를 읽게 되는데, 도대체 그 이유가 어디에 있는 걸까요? 물질적 풍요 속에 미래의 희망을 제시할 인간적 선의 기억이 결핍된 탓은 아닌지요? 감정에 대한 경시, 기쁨에 대한 조롱으로 희망의 근원마저 짓밟는 것은 아닐까요?

이러한 생각들과 함께 이제 우리는 마침내 그리스도교 대림 기간의 의미에 다다랐습니다. 대림이야말로 정확히 사람에게 필요한 기억과 희망의 결속이니까. 대림은 우리 안에 잠자는 본래의 기억, 가장 깊은 마음의 기억을 일깨워줘요. 바로 아이가 되신 하느님에 대한 기억이지요. 이러한 기억은 치유이며 희망이지요. 교회 역년에서 중요한 것은 기억에 담긴 위대한 이야기들을 끊임없이 점검하고 마음의 기억을 일깨워서 희망의 별을 보는 법을 배우게 하는 일입니다. 그래서 교회 역년의 모든 축일은 기억의 사건이며, 바로 그래서 희망의 사건입니다. 따라서 신앙의 한 해로 보존하여 열고자 하는 인류의 위대한 기억들은 전례와 관습을 통하여 자기 삶의 역사에 대한 사적인 기억이 되어야 하겠습니다. 그러한 사적인 기억들은 인류의 위대한 기억들이 전례와 전통을 통한 거룩한 축일의 기념 속에 개개인의 인생사에 그 나름의 기억이 되도록 해야 하겠습니다. 인류의 위대한 기억들이 사람들 개개인들 나름의 기억에 자양분이 되게요. 인류의 위대한 기억들은 개인적인 기억으로 옮겨져야만 보전돼요. 사람들이 신앙할 수 있다면, 중요한 건 이제 삶의 여정에서 신앙이 좋아졌는지, 하느님의 인간성이 우리 사람의 인간성에 투영되어 드러나는가 하는 것이지요. 여기서 우리는 저마다 자기 삶에 성탄, 부활 또는 그 외의 축제 기억들이 무슨 의미가 있는지, 저마다 자기 이야기를 할 수 있어야 하겠습니다.

대림의 아름다운 과제라면 이러한 선의 기억들을 서로에게 선사하는 것이며 그렇게 해서 희망의 문을 여는 것입니다.

Ⅱ

가까이 계신 하느님의 신비에 다가가는 용기

초창기부터 교회의 전례는 대림 시작에 이스라엘의 대림, 이 백성의 끝 모를 기다림을 간결하게 압축한 시편 말씀을 하나 정해두었습니다.

"주님, 당신께
제 영혼을 들어 올립니다.
저의 하느님
당신께 의지하니…."(시편 25.1,2)

내면으로 이끄는 모험이 어느덧 익숙하지 않게 돼 이 구절의 울림이 예전만 못할지도 모르겠군요. 세상의 지도(地圖)가 점점 더 완벽해지는 반면, 인간의 내면세계는 점점 더 미지의 땅(terra incognita)이 되고 말아서 가시적인 우주에서보다 발견해 낼 위대한 발견들이 많은 듯합니다.

당신께 내 영혼을 들어 올립니다. 이 시편 말씀의 이면에 숨겨진 극적인 의미가 최근에 새롭게 의식된 계기가 있습니다. 프랑스 작가 쥘리앵 그린(Julien Green, 1900-1998)이 자신의 가톨릭교회로 개종하기까지의 길에 관해 펴낸 글을 읽었을 때였어요. 쥘리앵 그린은 젊은 시절 오로지 "육체적 향락"에 사로잡혀 있던 이야기를 해요. 스스로 조절하고 제어할 만한 종교적 확신 같은 게 없었습니다. 그런데도 어떤 묘한 무엇이 있었어요. 그러니까 이따금 무슨 기적 같은 게 생겨서 단숨에 해방될 수 있으면 좋겠다는, 달리 설명할 수 없는 동경이 일어 교회로 달려가는 거지요. 그러나 "어떤 기적도 일어나지 않았다." 이어서 이렇게 말합니다. "멀리서 어떤 현존의 느낌 같은 게 든다." 쥘리앵 그린에게 이 현존의 느낌은 어떤 따스함이나 약속 같은 것이지만, 그러나 구원을 위해 교회 같은 데에 소속되어야만 한다는 생각이 성가셨습니다.

그는 새로운 것의 현존을 바라지만, 아무것도 포기하고 싶은 마음이 없습니다. 흡사 폭력이나 억지 없이 저절로 되는 것처럼. 그는 인도의 종교 같은 것을 만났고, 거기서 더 나은 길을 찾기 바랐습니다. 그러나 어김없이 실망이 찾아와요. 그래서 성경에서 모색하기 시작했습니다. 워낙 열심이라서 어느 랍비에게서 히브리어를 배우기 시작했어요. 어느 날 랍비는 쥘리앵에게 다음 목요일이 축일이라 오지 않는다고 말합니다. “축일?” 쥘리앵이 놀라서 물어요. 랍비가 이렇게 대답합니다. “당신한테 내가 꼭 그리스도 승천기념일이라고 이야기해야만 하겠습니까?” 이 대답이 저 위에 있는 것을 추구하던 이 젊은이에게 청천벽력처럼 와닿았어요. 마치 예언자들의 말씀이 그에게 쏟아져 내리는 것만 같았지요. 그는 이렇게 말합니다. “나는 이스라엘이었습니다. 하느님은 이스라엘더러 집으로 돌아가라고 당부하며 외치십니다.” 이 말씀은 나한테도 해당이 돼요. “소도 제 임자를 알고 나귀도 제 주인이 놓아준 구유를 알건만 이스라엘은 알지 못하고 나의 백성은 깨닫지 못하는구나(이사 1.3).[1)]

성경의 진리에 대한 그러한 경험, 그것이 대림이겠지요. 이 시편 구절이 말하는 마음의 경험이 그것입니다. 자신의 진리 속으로 들어가기 시작하면, 닳고 닳은 동전이 새로운 것, 위대한 것이 될 수 있는 경험이지요.

쥘리앵 그린이 갈팡질팡한 젊은 시절에 관해 이야기한 건 오늘날 우리 시대가 처한 싸움판 모습에 대한 놀랄 만큼 정확한 묘사입니다. 현대 생활의 분주함이 당연지사가 됩니다. 이 분주한 생활은 한편으로는 필수 불가결한 자유의 모습으로 보이는가 하면, 동시에 노예 상태로 느끼게도 됩니다. 저 노예 상태에서 해방되려면 기적 같은 게 가장 좋을 텐데, 그렇다고 교회의 낡은 방식이 대안이 될 수 없다는 건 분명합니다. 오히려 이국적인 종교가 매력이 있어 보이지요. 그래도 저 해방을 향한 동경을 짓밟아 없애버리지 못한다는 점, 그리고 그 동경이 교회 안의 고요한 순간에 때때로 효력을 내곤 한다는 사실, 그것이 결정적입니다. 신비로운 현존에 온몸과 마음을 맡기고, 서서히 받아들이며, 자기 안에 스며들게 하려는 마음가짐, 그게 바로 대림절이 되게 하려는 것입니다.

---

1)[원주] J. Green, Ce qu'il faut d'amour à l'homme(Paris 1978) 117쪽 참조.

아직도 이토록 캄캄한 밤에 보이는 첫 번째 빛줄기이지요.

언젠가는 그 빛이 눈부시게 빛나겠지요. 그렇습니다. 나는 이스라엘입니다. 주인을 알지 못하는 소입니다. 우리가 오만의 기둥에서 내려오면 저 시편의 저자가 말하는 일이 일어나겠습니다. 마음이 고양되어 높아지고 보이지 않으신 하느님의 현존이 우리 혼란스러운 삶 속 깊이 찾아드시는 것입니다. 대림은 혁명의 설교자들과 새로운 구원의 길을 알리는 사자들이 약속하는 것과 같은 그런 갑작스런 기적이 아닙니다. 하느님은 우리를 온전히 인간적으로 대하시고, 한 걸음 한 걸음씩 당신께 다가가도록 이끌어 주시고 우리를 기다리십니다. 대림절 나날 동안 엎치고 뒤집힌 우리 영혼의 문을 조용히 두드립니다. 신비한 하느님 현존에 다가가는 모험을 감행하는 것, 그것만이 우리를 자유롭게 할 수 있습니다.

Ⅲ

밤을 벗어나기

대림, 이게 대체 무얼까요? 대림에 대한 답변은 다양할 수 있지요. 본래 대림이란 게 더 이상 믿지도 않는 감상적인 절차들로 꾸민 소란 떨기요 장삿속을 위한 핑계일 뿐이라고 불평할 수도 있습니다. 많은 경우 그렇기도 하겠지만, 그렇다고 그게 전부는 결코 아니지요.

거꾸로 믿을 수 없는 세상의 한복판에서 잃어버린 신앙의 빛이 그래도 좀 보이며 잔광을 비춰 주는 시간이 대림이라는 사람들도 있습니다. 별이 소멸하고 나서도 그때부터 그 빛이 우리를 향해 여전히 오는 중이라서 오래도록 그 빛을 볼 수 있는 것처럼 말이지요. 그처럼 이 신비도 믿을 능력이 더 이상 없는 이들을 위해서도 온정과 희망 같은 것을 남겨줄 때가 많습니다.

그래서 대림을 일러 거의 잊히다시피 한 선을 활성화하는 시간이라고도 해요. 이를테면 대림은 다른 사람을 생각하고, 그들에게 선의 징표를 주려는 마음가짐입니다. 끝으로 대림은 오래된 관습을 활기차게 만들며, 그 활기가 대림 송가에 담겨 방방곡곡에 보급되는 때가 대림이라고 말할 수도 있습니다. 우리가 듣는 대림 송가의 멜로디와 가사에는 선조들의 소박함과 상상력과 명랑한 신앙의 힘이 우리 시대까지 전해 내려와 우리를 위로하고 아주 힘든 시대 한복판에 있는 사람들 기쁘게 할 수 있는 신앙을 다시 감당해보도록 용기를 북돋아 주기도 합니다.

이러한 종류의 대림 경험으로 우리는 그리스도교 전승이 이 시대에 의도하고 원했던 것에 아주 가까워집니다. 그리스도교 전승은 대림에 대한 해석을 성경 말씀들을 통하여 이야기합니다. 전승에서는 저 말씀들을 대림절 시기를 나타내는 이정표로 본 것이지요. 그중에서 하나만 골라보겠습니다. 사도 바오로가 로마의 그리스도인들에게 보낸 로마서 13장의 몇 구절이지요. 사도 바오로는 이렇게 이야기합니다. "[…]지금이 어느 때인지 알고 있습니다. 여러분이 잠에서 깨어날 시간이 이미 되었습니다. 이제 우리가 처음 믿을 때보다 우리의 구원이 더 가까워졌기 때문입니다. 밤이 물러가고 낮이 가까이 왔습니다. 그러므로 어둠의 행실을 벗어 버리고 빛의 갑옷을 입읍시다. 대낮에 행동하듯이, 품위 있게 살아갑시다. 흥청대는 술잔치와 만취, 음탕과 방탕, 다툼과 시기 속에 살지 맙시다. 그 대신에 주 예수 그리스도를 입으십시오. 그리고 욕망을 채우려고 육신을 돌보는 일을 하지 마십시오."(로마 13,11-14) 이에 따르면 대림은 우리의 구원을 향한 일어섬, 잠에서 깨어남, 또한 밤을 벗어나는 것을 의미합니다.

지금 우리더러 “일어나라고”, “깨어나라고” 재촉하는 사람들이 많습니다. “독일이여 깨어나라!” 이 말이 나왔던 당시 이 말을 했던 이들은 사람들을 현혹하려던 이들이었지요. 그리고 오늘날에도 여전히 어두운 밤으로 빠져들고 밤을 벗어나지 못하는 궐기와 봉기들이 있고요. 바오로는 무슨 말을 하려는 걸까요? 무엇을 ‘밤’으로 이해했는지 “주연(酒宴), 만취, 음탕, 방탕, 다툼과 분열”이란 단어들로 아주 분명하게 이야기합니다. 바오로에게 밤의 이런 모든 현상이 뒤섞인 밤의 주연이야말로 사람의 ‘밤’과 사람의 ‘잠’이 무엇인지를 나타내는 표현입니다. 그에게 밤은 이교도적인 세상 전반의 모습이 됩니다. 물질적인 것에 탐닉하고 진리 상실의 어둠 속에 머물며 온갖 소란과 분망 속에 잠드는 그런 세상이지요. 참다운 현실, 인간 본연의 성소를 외면하고 살아가는 세상이니까.

빗나간 세상의 모습인 밤의 주연—바오로의 이 묘사에서 도로 이교도를 닮아가는 우리의 현실 모습이 얼마나 적나라하게 드러나는지 알게 되는데, 놀랄 일도 아닙니다. 잠에서 깨어나는 것−그것은 바로 이 세상, 이 시대의 대세에 대한 순응에서 벗어나는 것이요, 덕과 신앙을 추구하는 용기로 우리의 참된 사명과 최상의 가능성에서 우리 눈을 돌리게 만드는 환상을 깨어버리는 것을 의미합니다. 해마다 다시 듣는 대림 송가는 어쩌면 우리에게 길을 제시하고, 돈과 권력과 향락의 약속보다 더 위대한 약속들이 있다는 것을 바라보고 깨닫게 하는 빛의 신호가 될 수 있겠다 싶습니다. 하느님과 또 다른 사람들을 위해 깨어나는 것−그것은 대림이 뜻하는 각성의 한 방식이지요. 빛을 찾아내어 세상을 더 환하게 만드는 각성 말입니다.

Ⅳ

새로운 인성의 빛

12월 초순 우리 도시의 거리를 다녀보면 어김없이 성 니콜라우스(산타)를 만날 때가 많습니다. 주교 복장의 격식은 저마다 차이가 있어도 흰 수염이 없을 때는 없지요. 그런데 이런 모습은 8세기에 이미 나타납니다. 니콜라우스의 이런 모습들이 말과 행동으로 보여주는 건 어느 정도 주교의 일이기도 합니다. 그런데 전설에서 여러 버전으로 이야기하는 성인들의 사랑을 표현하는 것이라기보다 말 잘 듣지 않는 아이들 겁주고 놀라게 하는 역할을 할 때도 많습니다. 이 남자가 역사적으로 정확히 누구였는지 거의 아는 바가 없습니다. 그래도 과거라는 안개를 뚫고 가장 오래된 이야기의 기원들에 귀를 기울여 보다 보면 그래도 대림으로 통하는 문을 여는, 그러니까 예수 그리스도께서 함께하시는 현존과의 만남을 중재할 수 있는 어떤 모습의 광채를 알아볼 수 있습니다.

성 니콜라우스 전기의 작가 중 가장 오래된 사람은 수도원장이었다는 미카엘인데, 그 전기에 따르면, 떠오르는 태양의 광채를 받아 새벽 별이 빛을 발산하듯 니콜라우스의 존엄함도 그리스도의 고결함 덕입니다. 니콜라우스가 그리스도의 살아있는 모상(模像)이고요. 그 전기 작가는 이렇게 말합니다. "그의 온갖 덕에서 비치는 광채 속에 태양의 정의가 빛을 발한다."[2] 전승에서는 성 니콜라우스를 주교들의 최초 대형

2)[원주] L. Heiser, Nikolaus von Myra. Heiliger der ungeteilten Christstenheit (Trier 1978) 7.

모임인 니케아 공의회에 참석하여 예수 그리스도의 참된 신성 고백을 작성했던 그 니콜라우스 주교와 동일인물로 봅니다. 거기서 이야기되었던 게 바로 그리스도교의 핵심이요, 그리스도교가 그저 하나의 종파가 되어야 하는지, 아니면 정말 새로운 것, 그러니까 하느님의 사람 되심에 대한 신앙이 되어야 하는지의 대한 결정이었습니다. 나자렛 예수가 위대한 종교인 가운데 하나일 뿐인지 아니면 예수 안에서 하느님 스스로 우리들 중 하나가 되신 것이냐 하는 문제였습니다. 그럼으로써 궁극적으로는 하느님의 권능이 우리처럼 작아질 수 있을 정도인지, 우리를 사랑하시어 정말로 우리의 삶 속에 납시실 수 있을 정도인지에 대한 물음이기도 했어요. 그러나 하느님이 너무 멀리 계셔 우리를 실제로 사랑하실 수 없다면, 인간적인 사랑도 마찬가지로 그저 공허한 약속일 뿐입니다. 하느님이 사랑할 수 없는 마당에 사람이 어떻게 사랑할 수 있을까요? 이처럼 하느님 강생에 대한 고백에서 중요한 것은 결국, 사람이 인간적으로 살고 인간적으로 죽을 가능성의 문제이기도 합니다. 니콜라우스 성인의 모습은 애초부터 이런 맥락을 분명하게 제시합니다.

테오도르 슈니츨러(Theodor Schnitzler, 1910-1982)는 니콜라우스의 모습을 이렇게 아름답게 묘사합니다. "사람이 되신 하느님 아들, 그 강생의 신비 아래 믿음의 서명을 하는 사람은 사람을 도와주는 사람, 아이들과 가족들과 절박한 이들에게 행운을 가져다주는 사람일 수 있다. 강생의 신앙은 인간 구원과 인권 실현에 도움이 된다."[3]

니콜라우스에 관한 오래된 전승들로 또 다른 측면에서 시작하여 우리를 똑같은 방향으로 인도하는 것들이 있습니다. 순교자가 아니면서 성인으로 공경받은 최초의 경우에 듭니다. 그리스도교 박해의 시대에는 이교도 국가의 폭력에 온 마음 온 힘으로 저항했고, 그들의 생명으로 신앙을 고백했던 사람들이야말로 신앙의 위대한 지표가 되었습니다. 그러나 교회와 국가 사이가 평화로운 시대에 사람들은 새로운 모범이 필요했지요. 니콜라우스는 바로 그 사람들 뇌리에 도움을 주는 사람으로 각인되었어요. 그의 기적은 감금되어 고문받고 죽임을 당한 위대한 영웅주의가 아니라, 평범한 일상생활

3)[원주] Th. Schnitzler, Die Heiligen im Jahr des Herrn(Freiburg I. Br. 1979) 22.

에서 변함없이 꾸준한 선행을 베푸는 것이었습니다.

그에 관하여 아주 멋지게 설명하는 이야기가 하나 더 있습니다. 가능한 기적은 모두 마술사와 마귀들도 따라 할 수 있겠지만, 아주 명백하면서 속임수가 절대 통하지 않는 건 오직 하나 있습니다. 그게 바로 평생을 선하게 사는 것, 평생 일상 속에서 신앙을 살아내며 사랑을 지켜내는 일입니다. 4세기 사람들은 니콜라우스에게서 바로 이 기적을 경험하였습니다. 그리고 나중에 전설이 고안해 낸 기적의 이야기들은 모두 바로 이 근간이 되는 이 기적을 이렇게 저렇게 변형시킨 것일 뿐입니다. 사람들은 경이로움과 감사의 마음에서 이 기적을 안에서 그리스도의 빛이 비치는 샛별로 받아들였습니다. 이 사람에게서 사람들이 깨달은 게 바로 하느님의 강생 신앙이 의미하는 바입니다. 니콜라우스의 기적에서 니케아 공의회의 교의가 사람들이 손으로 쥘 수 있듯 이해할 수 있게 옮겨졌습니다.

떠오르는 태양으로부터 빛을 받는 샛별, 성 니콜라우스에 대한 이 오래된 묘사는 사실 대림의 의미를 보여주는 가장 오래된 비유들에 들지요. 사람이 되신 하느님의 빛에서만 암

흑의 세상에서 희망과 기쁨을 주는 인간성의 촛불에 불을 붙일 수 있습니다. 이것이 바로 온갖 모습의 니콜라우스에 담긴 가장 심원한 복음이겠습니다. 새로운 인간성의 빛, 다시 말해 소외된 사람들, 가난한 사람들과 박해받는 이들에 대한 온정의 빛은 그리스도의 빛에서만 옮겨 붙일 수 있습니다. 그게 바로 니콜라우스 전설의 핵심입니다.

성모 마리아 취결례
(2월 2일 주님봉헌축일)

혼돈과 빛의 만남

2월 2일에는 동방과 서방의 교회가 공동으로 축제를 벌였는데, 그게 바로 바로 성모 마리아 취결례입니다. 예전에 농경사회에서는 아주 중요한 역할을 했었습니다만, 오늘날 시민의 일상에서는 그 모습을 거의 볼 수가 없습니다. 여러 가지 역사의 물줄기가 하나로 합쳐져 그 색이 다양한 빛을 내는 축제이지요. 축제의 직접적인 동기는 마리아와 요셉이 성경에 기록된 정화 제물을 바치기 위하여 태어난 지 40일째 되던 날 예수를 예루살렘 성전에 데리고 갔던 일에 대한 기억입니다.

루카가 묘사한 장면에서 이 전례의 특징을 하나 고르자면, 바로 아기 예수와 백발의 노인 시메온의 만남입니다. 그래서 이 축제가 그리스 지역에서는 '히파판티(Hypapanti)', 곧 만남이란 이름으로 불립니다. 교회는 아기와 노인의 이러한 만남에서 사라져가는 이교도 세상과 그리스도 안에서의 새로운 시작의 만남, 다시 말해서 침몰하는 구약의 시대와 모든 민족을 아우르는 교회의 새로운 시대의 만남을 봅니다.

여기서 이야기하는 것은 죽음과 생성의 영원한 순환 그 이상의 것입니다. 한 세대가 저물면 언제나 새로운 이념과 희망을 지닌 새로운 세대로 이어진다는 위로 그 이상입니다. 그렇다면 이 아이는 시메온에게 희망이 아니라 그저 아이 자신에게만 희망이었겠지요. 그러나 그 이상으로 저마다 모두를 위한 희망입니다. 죽음을 넘어서는 희망이니까.

이로써 우리는 이날 전례의 둘째 중점에 도달했습니다. 전례에서는 이 아이를 가리켜 "이교도 계몽을 위한 빛"이라고 한 시메온의 말과 연결합니다. 이 말과 연결하여 이날은 촛불의 축제가 되거든요. 촛불의 따스한 빛이 모든 시대를 뛰어넘으신 예수님 모습에서 나오는 더 위대한 빛을 분명하게 드러내는 표현이게 하려는 것입니다. 로마에서는 이 촛불 행렬로 요란하고 떠들썩한 고대 이교도의 도시 정화의 축제였던, 이른바 암부르발레(Amburbale)가 그리스도교 시대로 이어지면서 변화하였습니다. 이교도 행렬에는 마술적 성향들이 있었습니다. 도시를 정화하고, 악의 세력을 막아내는 데 이바지하자는 것이었지요.[4] 그 기억으로 그리스도교 행렬의 복장은 검은색이었다가 나중에는－공의회의 전례 개혁까지－보라색이었습니다. 이렇게 이 행렬에서는 만남의 현상이 다시 한번 두드러집니다. 암흑 세력의 정화와 해방과 극복을 향한 이교도 세상의 요란한 고함소리가 "이교도 계몽을 위한 빛", 그러니까 예수 그리스도의 따스하고 겸허한 빛과 만나는 것이지요. 추잡하고 난잡하며, 노예로 만들고, 노예가 되는, 저물어가지만 그러면서도 계속하여 남아있는 시대가 그리스도교 복음의 정화하는 힘과 만난 것입니다.

그러면서 극작가 외젠 이오네스코(Eugene Ionesco, 1909-

4)[원주] Der kleine Pauly. Lexikon der Antike I, 297; G. Martimort (Hrsg.), Handbuch der Liturgiewissenschaft II (Freiburg i. Br. 1965) 290f.; ders. L'Eglise en prière IV (Paris 1983) 103f.

1994)의 말이 떠오릅니다. 부조리극을 창안해 낸 이오네스코는 부조리한 세상의 절규를 똑똑하게 내뱉고 동시에 이 절규가 하느님을 향한 절규라는 걸 깨닫습니다. 그는 이렇게 말했습니다. "초자연적인 걸 지향하지 않는다면 역사는 부패요 혼돈이다." 검은 복장의 촛불 행렬, 거기서 이루어지는 빛과 혼돈의 상징적 만남은 바로 이 진리를 기억하게 하자는 것입니다. 초자연적인 것이 세계를 개선하는 일에서 시간 낭비가 아니라 혼돈의 것을 의미로 이끌 수 있는 유일한 길로 볼 용기를 주자는 것이고.

축제 – 카니발

우리 자유의 토대

사육제(또는 카니발)는 분명 교회의 축제가 아닙니다. 그러나 사육제는 다른 한편으론 교회의 축제 일정을 정리한 달력 없이는 생각할 수 없기도 하지요. 그러므로 사육제의 유래와 의미에 대해 깊이 생각해보는 일은 신앙의 이해에도 크게 도움이 됩니다.

사육제의 뿌리는 유대교, 이교도, 그리스도교 등 다양합니다. 이 세 가지 기원 모두는 어느 때, 어느 곳이든 다 공통적인 인간의 공통점을 보여줍니다. 유대교의 축제력에서는 유대인의 푸림, 또는 부림절(Purim)이 사육제에 상응합니다. 페르시아 제국에서 임박한 유대인 박해로부터 일어난 이스라엘 구원을 기념하는 축제인데, 성경에 따르면 거기에서 에스델(Esther) 왕비의 역할이 큽니다. 이 축제는 자유분방한 기쁨으로 보내는데, 해방감의 표현입니다. 이날의 이 해방감은 그저 기념으로 그치는 게 아니라 이스라엘 하느님의 보호를 받는 사람은 미리부터 그 적의 올가미로부터 해방된다는 약속이기도 합니다.

자유분방한 세속의 축제이면서 동시에 종교의 달력에 자리를 확보하였고 지금도 그러한 이 축제의 배경에는 시간의 리듬에 대한 지식이 있습니다. 이 리듬에 대해 구약의 코헬렛(전도서)에 이렇게 잘 표현되어 있습니다. "하늘 아래 모든 것에는 시기가 있고 모든 일에는 때가 있다. 태어날 때가 있고 죽을 때가 있으며 심을 때가 있고 심긴 것을 뽑을 때가 있다. […] 울 때가 있고 웃을 때가 있으며 슬퍼할 때가 있고 기뻐 뛸 때가 있다."(코헬렛 3,1-4) 모든 것이 언제나 들어맞는 것은 아니지요. 사람에게는 어떤 리듬이 필요한데, 한 해의 흐름이 이 리듬을 주지요. 벌써 창조에서부터 그랬고 또 신앙이 한 해의 경과에 따라 보여주는 이 이야기에서도 그렇지요.

이로써 이제 창조의 리듬으로 사람들이 구원의 전체 역사를 걸어가게 하고 동시에 혼돈과도 같은 지경으로 다양한 우리 삶에 질서를 부여하고 또 정화하는 교회의 해에 이르렀습니다. 창조와 역사의 이러한 순환에서 인간적인 것을 빠트리는 일은 없습니다. 그래야만 어두운 것과 밝은 것, 감각적인 것과 정신적인 것 등 인간적인 것 모두를 구원할 수 있습니다. 인간적인 것의 자리는 전체 안에 있고, 이 전체 덕에 사람은 개별화를 벗어나 의미를 얻습니다. 그래서 일의 사정이며 일정표를 핑계로 사육제를 연장하려 한다면 그야말로 어리석은 일입니다. 제멋대로 만든 시간은 지루해지거든요. 그렇게 되면 사람은 이제 저 스스로 창조주가 되어 완전히 제멋대로가 되는데, 그러면 정말로 버림받은 기분이 들 테니까. 그렇게 되면 시간은 더 이상 창조와 역사의 다양한 선물이 아니고, 저홀로 풀어지는 괴물이 되어 영원히 똑같은 것이 기계적인 되풀이가 되어 우리는 이 무의미한 순환 속에서 휩쓸려 돌아가다 마침내는 닳아서 없어지게 되겠지요.

그런데 사육제의 뿌리로 다시 한번 더 돌아가 봅시다. 유대교 말고도 이교도의 옛 역사에도 사육제와 관련된 게 있습니다. 그 격렬하고 위험한 모습은 아직도 알프스와 슈바벤－알레만 지역 가면들에서 볼 수 있습니다. 여기 문제는 겨울 몰아내기 의식, 곧 악령의 힘 추방하기입니다. 계절이 바뀔 때 사람들은 세상의 위기를 느낍니다. 겨울의 잠 속에서 세상이 마주한 허무를 이겨내고 지상의 새로운 창조, 그 풍요의 새로운 창조를 보장해야 하지요.

이 대목에서 우리는 무언가 아주 중요한 것을 살필 수 있습니다. 악령의 가면이 그리스도교 세계에서는 익살맞은 가장무도회가 되고, 악령을 상대로 목숨을 건 싸움이 사육제의 진지함 앞에서 장난이 되거든요. 시편에서 그리고 예언자들에게 자주 볼 수 있던 것이 이 가장무도회에서 일어납니다. 참다운 하느님을 알게 된 사람이 더는 두려워할 필요 없는 뭇 신들에 대한 조롱이 죄는 거지요. 신들의 가면은 익살맞은 놀잇감이 되고 한때 섬뜩한 것에서 웃음거리를 찾아낼 줄 알던 사람들의 왁자지껄한 기쁨의 표현이 되었습니다. 그런 한에서 사육제에는 그리스도교적 해방, 유대교의 부림절 잔치에서 다루는 그 자유를 완성하는, 오직 한 분이신 하느님의 자유가 담겼습니다.

그런데 끝으로 이런 물음이 생깁니다. 과연 이 자유가 아직 우리에게 있는 것인가? 아니면 완전히 자유로워지기 위해 끝끝내 하느님으로부터, 창조와 신앙으로부터도 해방되려고 하는 것은 아닌가? 그 결과로 우리가 새로 뭇신들, 금력과 탐욕, 여론의 손아귀에 들어가버린 것은 아닌가? 하느님은 우리 자유의 적대자가 아니라 그 바탕이십니다. 이즈음의 나날을 지내며 이 점을 새롭게 배워야 하겠습니다. 오직 전능한 사랑만이 아무 두려움 없는 기쁨의 바탕일 수 있습니다.

부활절 신비로 가는 길

I

저 위에 있는 것을 추구하세요(콜로 3,1)

“이날은 주님이 만드신 날. 이날 맞아 환호하며 즐거워하자.” 마음속으로부터 부활한 이를 기다려왔고 그래서 그리스도교인의 부활절 노래가 될 수밖에 없던 이스라엘 시편의 한 구절을 우리는 이렇게 노래합니다. 우리는 알렐루야를 노래합니다. 이 알렐루야라는 히브리어 낱말 하나가 구원받은 이의 기쁨을 담아내는 영원한 표현이 되었습니다.

하지만 우리가 정말 기뻐해도 될까요? 아니면 이 기쁨이란 게 냉소주의, 그러니까 온통 고통 천지인 세상의 비웃음에 가까운, 그런 무엇은 아닐까요? 우리가 구원되었습니까? 이 세상이 구원되었나요?

미사성제 중에 산살바도르의 오스카 로메로 대주교를 살해한 여러 발의 총탄은 그저 폭력의 고삐 풀림, 이 세상 곳곳에서 문제가 되는 인간의 야만화를 눈 아프게 보여주는 한 줄기 섬광에 지나지 않습니다. 캄보디아에서는 하나의 민족 전체가 서서히 소멸해 가는데 주목하는 사람 하나 없습니다. 세상천지 곳곳에서 사람들이 신앙과 신념 때문에 고통당하고 온갖 권리들이 짓밟히는 실정입니다. 러시아의 사제 디미트리 둣코(Dimitrij Duko)는 지난해 11월 곧 자신이 체포될 것을 예감하였던지 모든 그리스도인에게 메시지를 보냈습니다. 거기서 말하기를, 자신이 지금 이야기하는 곳이 골고타이고 또 동시에 부활하신 주님이 닫힌 닫힌 문틈으로 비쳐 보이는 곳이라고 했습니다. 그의 눈에 모스크바는 주님께서 십자가에 매달리신 골고타로 보입니다. 동시에 그가 들어가지 못하게 닫아 놓은 문에도 불구하고 아니면 바로 그 닫힌 문 덕에 부활하신 이가 눈앞에서 그 모습을 보이시는 자리이기도 합니다.

세상을 그처럼 꿰뚫어 보는 사람이라면 이런 의문을 떠올릴 법합니다. 정말이지 우리에게 하느님 생각하고 하느님 일을 생각할 시간이란 게 있기는 한 걸까? 아니면 차라리 힘이란 힘을 모두 세상의 일을 더 좋게 만드는 데 모아야 하는 게 아닐까? 베르톨트 브레히트((Bertolt Brecht, 1898-1956)는 그 시대에 저와 같은 신념으로 다음과 같은 시를 지었습니다.

"거짓에 유혹당하지 말라.
다른 동물들 모두와 함께 너희도 죽고,
그리고 그다음엔 아무 일도 없으리니."

그는 저승에 대한 믿음, 부활에 대한 믿음을 사람이 이 세상, 이 삶을 온전히 파악하는 걸 방해하는 유혹으로 보았습니다. 그러나 하느님과 같은 인간 속성에 짐승 같은 속성을 맞세우는 사람은 머지않아 사람을 그저 한낱 짐승으로만 여길 뿐이기 마련입니다. 또 우리가-또 다른 어느 현대 시인의 말처럼-개같이 죽는다면, 그러면 우리는 금방 사는 것도 개같이 하며 우리를 개 대하듯이 대하거나, 아니면 더 나아가 아예 개를 상대하지도 못하게 되고 말지도 모릅니다.

이런 사실을 더 깊이 들여다본 유대인 철학자 테오도어 아도르노(Theodor Adorno, 1903-1969)는 자기 민족의 정열적이고 메시아주의적 동경에서 출발하여 도대체 어떻게 하면 정의로운 세상, 이 세상의 정의라는 걸 마련할 수 있을까 하는 질문을 던지며 늘 새롭게 모색하였습니다. 그가 끝내 다다른 통찰은 이런 것이었습니다. 진정 정의로움이 이 세상에 있으려면, 그것은 모두를 위한 것이요 영원한 것이어야만 한다. 그러니까 죽은 사람들을 위한 정의이기도 해야 한다. 돌이킬 수 없게 지나가 버린 고통마저도 돌이켜 보상하는 정의이어야만 한다. 그렇지만 그럴 수 있으려면 죽은 이들의 부활이 있어야만 한다.

내 보기에 이런 배경에서 부활절의 메시지를 새롭게 깨달을 수 있을 듯합니다. 그리스도께서는 부활하셨습니다! 바로 그렇습니다. 세상을 위한 정의는 있습니다! 돌이킬 수 없이 사라져버린 것들마저도 돌이킬 수 있는, 모두를 위한, 온전한 정의입니다. 하느님이 계시니까. 하느님께 그러실 권능이 있으니까 말입니다. 하느님이 고통을 당하는 건 불가능하지만, 함께 아파하실 줄은 아신다고 끌레르보의 성 베르나르도(St.

Bernhard of Clairvaux, 1090-1153)가 말한 적이 있습니다. 하느님이 함께 아파할 줄 아시는 까닭은 사랑할 줄 아시기 때문입니다. 사랑의 힘으로 함께 사랑할 줄 아는 이 힘이야말로 돌이킬 수 없는 것을 돌이켜 정의를 마련할 수 있습니다. 그리스도는 부활하셨습니다. 그러니까 그 정의를 만들어낼 힘이 있고 기어이 그 정의를 만들어내고야 마는 힘이 있다는 말씀입니다. 그러기에 부활 주일의 독서는 그저 단순히 하느님에 대한 찬미로 그만인 게 아니라 하느님 사랑의 힘에 대한 찬미요, 그렇기에 사람과 이 세상과 물질에 대한 찬미이기도 합니다. 삼라만상 전체가 구원됩니다. 하느님은 당신이 창조하신 것의 어느 한 부분도 가뭇없이 있다가 마는 것으로 스러져버리게 하지 않으십니다. 지혜서의 말처럼 하느님은 모든 걸 있으라고 창조하셨습니다. 모든 게 하나가 되도록, 모두 당신 품에 안기도록, 그리하여 전체가 다 하느님이게.

그러면 이런 물음이 떠오릅니다. 우리는 어떻게 이 부활의 복음에 부응할 수 있을까? 그 복음 어떻게 하면 우리 사이에 들어와서 현실이 되게 할 수 있을까? 부활절은 그러니까 세상의 부당함에서 벗어나게 하는 열린 문의 모습이요, 이것이 무슨 환상이 아니라 참으로 실재하는 빛이요 참다운 출구라는 걸 깨달으며 이 빛을 따르고, 다른 사람들에게 보여주라는 요구입니다. 그런데 어떻게 하면 우리가 거기에 들어갈 수 있을까요? 부활절 일요일의 성경 봉독에서 바오로가 콜로사이 사람들에게 쓴 편지에서는 이렇게 대답합니다. 그리스도께서 부활하셨다. 그러니 그분 계시는 저 위의 것을 추구하십시오! 위에 있는 것을 생각하고 땅에 있는 것은 생각하시마십시오!(콜로 3.1 이하)

성 바오로가 부활절 복음으로, 부활절의 참 현실로 깨우쳐 인도하는 이 말을 현대의 귀로 들으면 아무래도 이렇게 말할 유혹에 빠질 법합니다. 그러니까 결국 하늘로 달아나는 것, 이 세상을 피해 달아나는 것이잖은가! 하지만 그것이야말로 크나큰 오해입니다. 사람의 삶에 근본 원칙으로 통하는 게 있지 않겠습니까. 자기 자신을 버리는 사람만이 자기 자신을 찾는다. 자기 자신을 고집하는 사람은 자기 자신을 벗어나지 못하고, 바로 그래서 자기 자신에 이르지 못합니다. 자기 자신만을 부여잡고 자기 자신을 내주지 못하는 사람은 자기 자신을 받아들이지 못합니다. 삼위일체 사랑의 근본 원칙에서 유래하는, 사랑으로서 자기 자신을 내어주는 가운데 참된 현실이요 참된 권능인 하느님 존재의 속성 그 자체로부터 유래하는 사람됨에 따른 이 원칙이야말로 현실에 대한 우리 관계의 영역 전체에 걸쳐 다 적용됩니다.

물질만을 바라는 사람은 바로 그럼으로써 그 물질을 욕보이고, 물질로부터 그 위대함과 존엄함을 빼앗습니다. 그런 유물론자를 넘어서는 그리스도인이라야 그 물질을 열어 그 안에도 마찬가지로 모든 게 다 하느님이란 걸 드러내면서 물질에 존엄성을 부여합니다. 육신만을 추구하는 사람은 육신을 깎아내립니다. 이 세상의 것들만을 바라는 사람은 바로 그와 같은 방식으로 지구를 파괴합니다. 우리는 이 세상을 벗어나 넘어서면서 이 세상에 도움을 줍니다. 우리는 지구를 버려두지 않고, 우리 자신을 버려두지 않는 가운데 지구를 치료합니다. 그래서 생명의 별로 남기 위해서는 물리적으로 태양이 필요한 것처럼 그리고 우주의 궤도를 운행하기 위해서는 우주 속에 함께 유지될 수 있게 할 응집력이 필요한 것처럼, 인간이라는 지구의 정신적 우주 역시도 위로부터 오는 빛, 인간이라는 지구를 처음 열고 함께 유지하는 힘이 필요합니다.

지구를 구한답시고 닫아버려서는 안 됩니다. 우리를 지구 안에 얽어매어서는 안 됩니다. 지구의 문이란 문을 다 열어서 지구가 살아가는 에너지요 우리가 필요한, 지구의 참된 에너지가 지구 안에 살아 숨 쉴 수 있게 해야만 합니다. 저 위의 것을 추구하세요! 이것이 지구를 위해 해야 할 일입니다. 그러니까 저 위에 있는 것을 생각하며 그걸 향해, 높고 위대한 것을 향해 살면서 아래의 중력, 붕괴의 중력에 맞서야 합니다. 다시 말하자면 부활하신 이를 좇고, 정의와 이 세상의 구원에 공을 들여야 한다는 말입니다.

부활하신 이가 천사들을 통해 그리고 여인들을 통해 제자들에게 전한 맨 처음 복음은 이렇습니다. 나를 따르라, 내 너희들을 앞서가리니! 부활에 대한 믿음은 가는 일입니다. 부활에 대한 믿음은 그리스도를 추종하는 무리 속에서 그리스도 뒤를 따라가는 것과 다름이 없습니다. 그리스도께서 어디로 가셨는지, 어떤 식으로, 우리는 어디로 그분을 따라가야 하는지, 이에 대해 요한복음에 다음과 같이 아주 분명하게 나와 있습니다. "나는 내 아버지시며 너희의 아버지이신 분, 내 하느님이시며 너희의 하느님이신 분께 올라간다."(요한 20,17).

주께서 막달레나에게 말씀하셨다. 이젠 우리가 당신을 붙잡아 이 세상에 도로 모실 수 없고, 그분을 좇아 당신과 함께 하늘로 올라가야만 그분에 닿을 수 있다고. 그런 까닭에 그리스도교 전승에서는 그저 예수의 추종자가 아니라 그리스도의 추종자라고 분명하게 밝혀 놓았습니다. 우리가 뒤따르는 이는 죽은 이가 아니라 살아 계신 분입니다. 우리는 지나버린 생명을 모방하려는 것, 혹은 웬 프로그램에서 온갖 절충과 바꾼 해석들로 뒤바꿔 놓고자 하는 게 아닙니다. 그리스도의 뒤를 따르면서 그 근본을, 그러니까 십자가와 부활 그리고 하느님－아들 관계, 하느님 곁에 계심을 빠트려서는 안 됩니다. 중요한 것은 바로 그 부분입니다. 계승이란 우리가 이제－다시 요한복음에 따라－베드로와 유대인들이 당장은 갈 수 없는 곳, 그러나 이제 우리는 주님이 앞서가신 덕분에 그리고 주님이 앞서가신 뒤를 따라갈 수 있게 된 곳으로 갈 수 있다는 뜻입니다. 뒤따름이란 그 길을 시종일관 온전히 다 받아들이는 것이요, 위에 있는 것, 본질적인 것이나 감춰진 것으로 들어가는 것을 말합니다. 진리로, 사랑으로, 하느님－자식 관계 속으로 말입니다. 그러나 저와 같은 뒤 따름은 언제나 오직 십자가의 방식으로, 그러니까 참된 자기-버리기에서만 일어납니다. 오직 참된 자기-버리기만이 하느님의 보물이요 지상의 보물을 열 수 있고, 그것만이 말하자면 저 깊은 곳에 살아 숨 쉬는 샘을 열고 참된 생명의 힘을 이 세상에 가져옵니다. 그것은 이 참된 자기-버리기 속에서 사람됨을 발견하기 위해 감추어진 것 속으로 들어가는 일입니다. 다음으로 그것은 또 동시에 이 세상이 촌각을 다투어 필요로 하는 저 기쁨의 창고를 찾는 일입니다. 기뻐하는 것은 우리의 권리가 아니라 의무입니다. 주님이 그 기쁨을 선물하셨기 때문이요, 이 세상이 그 기쁨을 기다리기 때문입니다.

이에 대하여 최근에 일어난 작은 사례가 하나 있습니다. 영국의 의사 셰일라 캐시디(Sheila Cassidy, 1937-)는 1978년 성 베네딕토 수녀원에 들어간 후, 1975년 칠레에서 고문당하고 갇혔는데, 어느 혁명가를 의술로 치료했다는 이유 때문이었습니다. 고문을 당하고 얼마 지나지 않아 다른 감방에 이감되었는데, 거기서 닳고 닳은 성경 하나가 눈에 띄었습니다. 그 성경을 펼치자 맨 처음 보이는 것이 한 남자가 쏟아지는 번개와 천둥과 우박에 만신창이가 된 모습이 있는 그림이었습니다. 순간적으로 자신과 그 사람이 동일시되었습니다. 그 사람 속에서 자기 모습을 알아본 것이지요. 그런데 그 다음 더 살펴보았더니 그림 상반부에 거대한 손, 하느님의 손이 보이고, 그 아래 그림설명에 로마 신자들에게 보낸 서간 제8장에서 부활에 대한 신앙의 중간 부분에서 따온 말이 보였습니다. "저 높은 곳도, 저 깊은 곳도, 그 밖의 어떠한 피조물도 우리 주 그리스도 예수님에게서 드러난 하느님의 사랑에서 우리를 떼어 놓을 수 없습니다."(로마 8,39). 그러고는 무엇보다 그 그림 하반부를 먼저 보면서 그녀를 한 마리 벌레처럼 무기력하게 강타해버리고 말 듯, 온갖 경악이 휘몰아치는 것을 겪고 나자, 그림의 다른 쪽, 그러니까 막강한 손에서 느껴지는 것, "그 어떤 것도 우리를 떼어놓을 수 없다"는 것을 더 더욱 실감하게 되었습니다.

처음에만 해도 주여, 저를 자유롭게 하소서라고 기도하였지만, 저와 같이 내적으로 온통 흔들리는 경험을 하고 난 뒤 감옥 창살에 기대어 점점 더 참으로 자유로운 차분함을 얻고, 예수 그리스도와 더불어 이렇게 기도합니다. "저의 뜻대로가 아니라 아버지 뜻대로 이루어지게 하소서." 그러면서 캐시디는 미워하는 이들에 대하여 크나큰 자유와 자비가 자신에게 내려오는 것을 경험하였습니다. 저들을 이제는 사랑할 수 있었는데, 그들의 증오가 그들의 궁핍이요 그들이 갇혀 있음이라는 걸 깨달았기 때문입니다. 그러고 나자 그녀는 마르크시스트 여성들과 함께 눕고, 그들과 더불어 예배를 드리고 증오로부터 해방되는 것을 함께 겪었습니다. 또 거기서 오는 크나큰 자유를 함께 맛보았습니다. 그녀는 이렇게 말합니다. 육중한 벽 뒤에서 우리가 가졌던 이 자유가 상상의 산물이 아니라 아주 생생한 현실이라는 것을 우리는 알았습니다. 8주 뒤 그녀는 석방되었습니다. 그렇지만 그녀는 그 후로도 여전히 늘 일상에서 사람들 안에, 사물들 안에서 그리스도의 모습을 볼 수 있었습니다. 그래서 이제는 "그리스도의 십자가로 표시된 사람들은 즐거이 어둠을 뚫고 거닌다."라는 체스터톤(G. K. Chesterton, 1874-1936)의 말을 이해하게 되었습니다. 숨겨져 보이지 않는 삶을 발견하는 것, 그것은 이 세상 힘의 원천을 연다는 뜻이요, 그 힘을 이 세상을 구할 힘에 연결한다는 뜻이요, 이 세상이 하릴없이 제 안에서 구하고 있는 그 에너지를 이 세상에 준다는 뜻입니다. 말하자면, 구하고 변화시키고 돌이킬 수 없는 것을 돌이키게 하는 힘을 가진 기쁨의 샘을 판다는 뜻입니다. 저 위에 있는 것을 추구하세요! 그것은 허공을 붙잡으려 허우적거리는 게 아니라 부활절을 맞아 본디 실재하는 현실 속으로 뛰어드는 위대한 출발입니다[5].

최근에 인도의 어느 여성 선교사의 편지를 읽으면서 마음으로 크게 공감한 적이 있습니다. 그에 따르면 우리가 사실은 아직 인도 사람들에게 그리스도를 보여줄 수 있을 만한 상태가 전혀 아닙니다. 그 이유는 선교사들 대부분이 겉으로 드러나는 행위에만 전적으로 골몰하여서 인도 사람들의 기준에 따르면 제대로 기도할 능력이 없기 때문입니다. 그런데 기도할 수 없는 이 무능함의 결과는 하느님과 사람 사이에 내적으로 하나가 되는 지점을 마음으로 이해하지 못한 데서 드러납니다. 그런데 그런 식으로는 사람이 되었던 그 신비를 세상에 보일 수 없고 이 세상을 저 신비로부터 오는 자유로 이끌어 갈 수 없습니다. 바로 여기에 부활절이 보내는 더없

5)[원주] Sh. Cassidy, Beten in Bedrängnis. Gebetserfahrungen in der Haft in Chile, in: Geist und Leben 53(1980) 81-91(인용 91).

이 심오한 호소가 있습니다. 부활절은 우리에게 마음으로 위로, 숨겨진 참 현실로 가는 길에 들어서길 촉구합니다. 저 숨겨진, 참된 현실을 우리의 현실로 발견해 내야만 합니다. 부활하신 분을 만나고 나서야 우리는 비로소 그분을 믿을 수 있을 뿐입니다. 우리는 그분의 뒤를 따라야만 비로소 그분을 만날 수 있습니다. 그 두 가지를 다 이루고 난 다음에야 우리는 그분을 증언하고 그분의 빛을 이 세상에 들여갈 수 있습니다.

교회에서 예수 그리스도 수난의 시편으로 이해하여 오래도록 미사 드릴 때마다 처음에 기도드렸던 이스라엘의 시편이 하나 있습니다. "오, 하느님, 제게 정의를 주소서!" 그것은 온 세상이 수난 속에 있는 세상의 외침입니다. 오 하느님, 정의를 주소서! 하느님은 그러겠다고 말씀하셨습니다. 그리스도께서 부활하신 것입니다! 돌이킬 수 없는 걸 돌이킬 수 있습니다. 이 변화의 힘이 존재합니다. 저 힘을 향해 삽시다. 저 위에 있는 것을 추구합시다!

Ⅱ

예수의 일 하기가 아니라-예수 자신으로 살기

사흗날에 부활하셨습니다. 우리가 교회와 더불어 고백하는 이 말은 예루살렘의 초기공동체는 물론, 더 나아가 예수님의 설교까지 거슬러 올라가요. 그리고 그 뿌리는 깊이 구약까지 닿지요. 우리 신앙고백에 이렇게 날 수까지 거론되는 진짜 이유가 뭐냐는 물음이 나올 법하지요. 그리스도교에서 먼저 의도했던 것은 그렇게 함으로써 한 주일의 첫날을 생명의 승리가 이루어진 새날, 그러니까 일요일을 온 세상의 기억 속에 새로운 시간 계산이 시작되는 날로 새겨두고, 그날을 중심으로 다른 시간을 이어서 배열하자는 것입니다. 부활의 날이 신앙고백에 기록된 거지요. 이날은 교회 신앙과 생활의 중심이죠. 그냥 멋대로 합의하여 정한 날이 아니라 새로운 생명이 이 세상에 나타난 바로 그 날이란 말입니다.

그밖에도 "사흗날"이라는 날짜 지정에는 구약의 발상이 담기기도 했는데, 그 도움으로 부활이 우리 삶에서 그리고 온갖 세월에 어떤 의미를 비춰주는지도 함께 해석할 수 있어요.

시나이산에서 맺은 언약에 대한 기록에서 사흗날은 테오파니의 날, 그러니까 하느님 현현과 하느님 말씀의 날입니다. 이렇게 "사흗날" 날짜 규정으로 예수님 부활이 궁극적인 언약의 사건으로 규정돼요. 하느님이 역사에 실제로, 궁극적으로 들어서시어 지상의 우리 세상 시간 속에서 모습을 보이시고, 그 안에 새겨지시는 사건으로 말이에요. 부활은 하느님이 역사에 대한 권세를 지니셨다는 의미이고, 그 권세를 자연법칙에 넘겨주지 않으셨다는 의미이죠. 부활은 하느님이 무력해지지 않으셨다는 의미이고, 죽음이라는 보편 법칙이 이 세상에 대한 궁극의 권능이 아니라 궁극은 바로 맨 첫째이신 분이자 동시에 맨 마지막 분이시기도 하다는 의미입니다.

거기다 배경에 함께 작용하는 동방의 사고도 있습니다. 시신은 사흗날이면 부패하기 시작하고, 그러면 죽음은 굳어진 것으로 돌이킬 수 없게 되고 만다는 거지요. 그래서 라자로 이야기에서 무덤에 묻힌 지 이미 나흘이나 되어 부패가 시작되었다는 말이 명시되었잖아요. 그러면서 시편 16의 그리스어본 내용이 들리지요. "주님은 당신의 기름 부음 받은 이가 썩어가게 두고 보지 않으십니다." 그리스도교에서는 이스라엘의 가슴에서는 아직 이루어지지 않은 이 희망이 예수님 안에서 말씀으로 이루어졌다는 걸 신앙으로 알았어요. 이 시편 구절이 예수님에 대한 희망에 해당한다는 걸 알았어요(사도 2,25-30 참조). 사흗날의 부활은 이 약속에 대한 응답이었고, 예수님이 무덤 속에, 죽음의 올가미에 머물지 않으시고, 오히려 예수님 안에서 죽음의 궁극성이 생명의 궁극성을 통해 극복되었다는 고백이었습니다.

이처럼 "사흗날"이라는, 어찌 보면 부차적인 듯한 날짜 규정으로 우리는, 부활이 이 시대 우리에게까지 전해주는 메시지로서 우리에게 무엇을 말해주는지 새롭게 이해할 수 있습니다. 그에 따르면 부활은 먼저 일보다 사람이 먼저라는 우선순위를 의미해요. 60년대에 예수님의 부활을 설명하느라고 예수님의 일은 계속된다는 문구를 만들었어요. 그러니까 바로 "사흗날"에 사도들이 깨달았던 바가 이거라는 말이지요. 그러나 예수님 부활의 의미가 그저 예수님 일의 계속일 뿐이라면, 마르크스와 레닌, 아데나워와 드골에 관하여 확인할 수 있는 것 이상으로 예수님에 대해 달리 더 말할 게 없을 수도 있습니다. 그렇다면 예수님 안에서 정말 새로운 일은 아무것도 일어난 게 없고, 그저 해 아래 새로운 것 없다는 구약성경의 체념적 지혜의 말만 우울하게 맞아떨어지는 결과일 따름이지요. 아무리 새롭게 보이더라도 결국은 죽음과 생성과 죽음의 영원한 순환만 남을 뿐입니다. 그렇다면 사람들이 생각하고 살고 사랑한 모든 게 그저 죽음의 체념적 침묵 속에 가라앉아버리고 만다는 말이고, 결국은 레비 스트로스(Claude Lévi-Strauss, 1908-2009)의 표현처럼 무한의 별바다 은하에서 지구라는 작은 문명은 소리도 없이 사라지고 허무의 모래에 덮여 버리고 만다는 의미지요.

"예수님의 일은 계속된다." 이것이 말해주는 것은 너무나도 보잘것없어요. 게다가 어딘가 잘못된 것도 있습니다. 왜냐 하니, 그럴 때마다 세상에 남는 영원한 것은 오직 일뿐이란 말이 될 수 있잖아요. 사람들은 왔다가 가고, 세상 유일하게 영속적인 일을 위해 사람들은 그저 역사의 무대에서 무수히 교체되는 배우일 뿐이라는 거잖아요. 인물들 하나하나가 그저 일에 보탬이 되는 존재가 될 뿐이고, 사람은 고작 수단일 뿐이고, 일이 목적이 되는 거지요. 그 말이 옳다면 일을 위해 사람을 희생시킬 수도 있겠지요. 잔혹하고 인간 경멸적인 이데올로기들은 모두 결국 이러한 인간 경시 풍조에서 비롯하고, 그 끔찍한 결실을 우리는 1789년부터 겪었고 그리고 특히 바로 지금 이 세기에도 겪는 중이고.

최근 어느 강론집에서 "그리스도는 인류의 가장 고귀한 일을 위해 돌아가셨다."라는 구절을 읽은 적이 있어요. 아닙니다. 그리스도는 일을 위해 돌아가신 게 아니에요. 하느님을 위하여 그리고 사람을 위하여 돌아가셨어요. 하느님의 승리와 사람을 위한 승리가 바로 거기 있지요. 어떤 일을 위해 사람들이 죽임을 당했다면, 그 일은 고결한 것으로 남지 못해요. 부활하신 이는 사람의 승리이고, 사람은 일 이상의 존재예요. 하느님이 사람이고, 그 사람 영원하고 또 그 사랑 영원하라고, 영원한 사랑으로 사람을 불러내셨으니까.

더 나아가 예수님의 부활은 정신이 물질보다 위라는 정신의 우위성을 의미합니다. 오늘날의 우리는 감히 이런 말을 할 엄두도 내지 못해요. 정신이 물질, 창조물을 가지고 자행하는 온갖 오남용 행위가 부끄러우니까. 그런데 저런 오남용은 사람보다 일을 우위에 두고 우선시하는 데에서 비롯해요. 그럴수록 정신은 '일 중심의 일 지향적'이 되어 잔인해지기만 하지요. 그런데 정신 스스로 물질에 굴복하면, 그야말로 현실의 내적 질서가 파괴되고 만 것이니 그럴 때일수록 정신은 물질에 폭력을 가하지요. 오늘날 정신이 물질 시중을 들어 둘 다 서로 방해가 되고 망가지는 식의 사례는 얼마든지 많아요. 광고 사업만 보아도 그래요. 무한정한 정신적 셈법에 아이디어와 생각을 무한정 투자하여 고작 사람을 물질성으로 끌어들이려 하잖아요. 아니면 기술투자만 봐도 그래요. 마찬가지로 사람을 아예 물질 속에 욱여넣으려고 정신을 온갖 최첨단 형식으로 소모하지요. 더할 나위 없이 소비지향인 우리 세계의 전체 구조에서도 똑같은 일을 겪습니다. 우리가 생산하는 상품이 우리 사람들의 주인이 되고. 사람은 기계의 시중을 드는 존재이지요. 물질이 인간을 지배하고 인간에게 폭력을 가해요. 이런 식으로 우리가 살아가는 이 세기는 도덕적으로나 물질적으로 인간에게 커다란 불행이 난무하는 세기가 되고 말았습니다.

그래서 예수님의 부활이 주는 복음을 아무 훼손 없이 본래 그대로 고백하는 게 아주 중요해요. 육신, 그러니까 물질을 빼버리고 나면, 그것은 우리가 은연중에 정신과 물질이 영원히 분리된 것으로 본다는 의미이고 또 물질이 구원 불가능하다고, 그러니까 하느님의 공간과 권세에서 배제되는 것으로 생각한다는 거잖아요. 부활에 대한 신앙에서도 그렇지만, 정신과 하느님이 물질보다 우월하다는 고백이 물질과 육신의 격을 깎아내리는 의미는 아닙니다. 그보다는 물질의 궁극적 존엄성, 구원받을 자격, 하느님의 창조 전체에 포함된다는 것을 확인하는 의미이죠.

이처럼 부활 신앙은 형식을 불문하고 모든 유물론에 대한 더없이 철저하고 극적인 거부입니다. 하지만 마르크스의 유물론을 손가락질하기에 앞서 먼저 분명하게 짚고 넘어가야 할 게 있습니다. 마르크스와 어쨌든 그가 지녔던 이상에 기회를 준 것은, 다름 아니라 소비와 향락이라는, 생각이라곤 조금만큼도 없는 물질주의에 젖어 살고, 물질을 숭배하면서 물질을 파괴하고 폭력을 가하는 우리 때문이라는 사실이지요. 부활하신 분 덕에 우리는 저런 물질주의(유물론)에서 새로 벗어나서 물질의 존엄성까지 인정하고 위대하게 하는 정신의 자유로 나아가야 합니다.

끝으로 예수 그리스도의 부활은 계급투쟁 전략과 질투심

촉발을 노리는 의식형성의 전략보다 사랑과 생명이 더 뛰어나다는 고백입니다. 저 전략이란 건 결국 죽음의 전략이지요. 그러나 예수 그리스도가 돌아가신 것은 어느 누군가를 위해서가 아니라 모든 사람을 위해서입니다. 그분의 피는 피가 아니라 화해와 사랑, 적대관계와 증오의 종식을 요구해요. 예수님의 부활은 사랑이 죽음보다 더 강하다는 명제가 인격화된 진리입니다.

그래서 역사적으로 예수님의 죽음에 실제 책임이 누구에게 있느냐는 문제는 결국 사소한 것에 지나지 않아요. 그리스도교에서는 이게 문제가 아니란 걸 늘 알고 있었습니다. 히브리인들에게 보낸 서간(히브 12.24)에 나오듯, 예수 그리스도의 피는 아벨의 피와는 다른 것, 바로 용서와 화해와 사랑을 부르니까.

교황 요한 바오로 2세는 바로 그런 취지에서 인간의 구원자에 대한 교서에서 아주 절박하게 말씀하셨어요. 교회에는 말씀과 사랑의 무기 말고 다른 그 어떤 무기도 없다고. 그래서 교회는 죽이지 말라는 외침을 그만둘 수가 없어요.[6] 부활절이 우리에게 던지는 그 외침이지요. 동시에 교황은 말씀하세요. 폭력의 전략가가 아니라 부활하신 분에 대한 신앙으로 사랑을 섬기는 봉사자가 되라고. 부활하신 분은 선의 기운이 아주 쇠약한 가운데 우리에게 그래도 사랑이 이 세상의 참된 힘, 궁극의 힘이라는 확신을 보여주신다고.

부활 성야의 복음에서 천사들을 만나고 난 뒤 여자들이 불안과 동시에 기쁨에 젖어서 그 복음을 전하기 위해 달리기 시작하잖아요. 그리스도교는 지루한 일이 아니고 별로 중요할 것도 없는 부차적인 일도 아닙니다. 이 복음을 전해 받은 사람이라면 달려야 하지요. 아예 늦어버리기 전에 이 복음을 전해주는 일이 너무나도 중요하니까. 결국, 복음 때문에 움직일 수밖에 없는 셈입니다. 자신들 세대가 끝나기 전에 이미 알려진 지구 끝자락까지 생명 승리의 복음, 주님 부활의 복음을 가져다 전해주려고 사도들도 경주라도 하듯이 온 세상 곳곳으로 달려갔어요. 예수님 제자들은 올리브 산(감람산)에서 잠들었지요. 하지만 우리는 부활의 날 한복판에서 잠들어버려 본질이 되는 것을 놓쳐버리고 맙니다. 이 시간에 우리 가슴으

6)[원주] Johannes Paul II. 교서 "인간의 구원자 Redemptor hominis", II, 16.

로 이 복음의 위대함을 마주하여 아예 늙어버리기 전에, 죽음이 그 무자비한 결과를 초래하기 전에 그 빛을 계속해서 전하려 길을 떠나야 합니다. 이날의 기쁨에 젖어 우리 스스로 복음 전도자, 예수 그리스도 기쁨의 사자가 되려고 말이지요.

Ⅲ
심판과 구원

교회의 부활절 전례에서 우리는 세기에 세기를 거쳐 새롭게 그리스도께서 부활하셨다는 이 복음을 들으며 사람들이 느낀, 복받쳐 올라 감당하기 어려운 그 기쁨을 그나마 좀 느낄 수 있습니다. 옛날이야기를 읽어보면 러시아에서는 부활 성야에 신자들이 이 고백을 하면서 서로 얼싸안는 모습이 보여요. 사순절 금식하면서 생명의 기운이 좀 빠졌잖아요. 그 끝자락에 사람들은 커다란 기쁨이 터져 나오는 경험을 할 수 있었어요. 생명이 승리했고 또 생명은 아름답다는 기쁨의 경험이지요. 교회 역년의 리듬과 함께 저처럼 함께 살고 지내면서 저런 경험을 몸으로 깨닫는 셈이지요.

오늘날 우리는 여전히 늘 부활절을 축하하긴 합니다만, 그리스도 교도의 가슴에 대체로 회의의 잿빛 안개와 기쁨 사라진 기운이 퍼진 모습입니다. 신자들 공동체까지 그 기운이 퍼져서 부활절의 기쁨을 퇴색시켜 버려요. 루돌프 불트만(Rudolf Karl Bultmann, 1884-1976)이 현대 그리스도교의 불안을 아주 과감하고 철저하게 파헤친 적이 있습니다. 죽은 예수로 무슨 일이 실제로 일어난다는 게 상상조차 할 수 없던 거예요. 하지만 이렇게 덧붙입니다. 무슨 일이 일어난다 손친들 그게 무슨 의미가 있겠는가? 그의 말을 그대로 옮기자면, "되살아난 시신의 기적"이 누구에게 도움이 되겠느냐고요. 덜 현학적으로 말하자면 이런 물음이 됩니다. 세계사 전체를 통틀어 부활한 사람 하나가 죽은 사람들 무리에게 무슨 의미가 있는가? 저들 죽은 자들의 온갖 공포 앞에서 부활절의 빛은 무의미의 어둠 속으로 사라지는 듯 보이지 않는가?

그러니까 부활절이 시대에 뒤떨어졌다, 희망 없는 말뿐이라는 말인가요? 부활절의 진정한 의미를 깨달으려면 거꾸로 이렇게 물어야 합니다. 부활절, 예수님의 부활이 없다면 실제로 무슨 일이 일어나는 것일까? 그랬더라면 그저 죽은 사람이 하나 더 늘었을 뿐일까요? 그래봤자 세계사의 숫자에 그다지 큰 의미를 주지는 못할 텐데. 아니면 좀 더 깊은 차원으로 가볼까요? 그러니까, 부활이 없었더라면 예수님 이야기는 수난의 금요일로 끝나고 말까요? 예수님 몸은 썩어 사라져 말 그대로 한때 살았었던 사람이 되겠지요. 그런데 그랬더라면 하느님이 역사에 관여하지 않으셨다는 의미가 되겠지요. 우리의 이 세상, 우리 인간의 삶과 죽음에 다가와 다다르실 수가 없거나 아니면 그럴 뜻이 없다는 게 되겠고. 그것은 다시 사랑이 헛되고 사소하며 공허하고 하릴없는 약속일 뿐이라는 뜻이 되겠지요. 심판이 없다는 뜻이겠고, 정의가 없다는 뜻이겠지요. 오직 순간만이 중요하고 약삭빠른 사람들, 약아빠진 사람들, 양심 없는 사람들이 옳다는 뜻이 되겠습니다.

심판이 없을 것이다. 물론 많은 사람이 바라는 바지요. 심판을 하찮은 계산과 혼동해서 믿고 맡기는 사랑보다는 불안을 좀 더 인정한다고 해서 악한 사람들만 그걸 바라는 게 절대 아닙니다. 그런 점에서 부활 주일을 역사에서 없애버리고 그 뒤로 돌아가 역사를 성 토요일에서 멈추게 하려는 시도가 왜 그리도 맹렬한지 설명할 수 있어요. 그러나 그런 회피의 결과로 생기는 일이 구원일 리 없지요. 그저 하느님의 정의가 위험하다 싶어서 아예 존재하지 않기를 바라는 사람들의 서글픈 기쁨일 뿐. 하지만 부활절의 의미가 무엇인지는 분명해요. 하느님이 행동하셨다는 의미잖아요. 역사가 무심의 무관심 속으로 사라지는 게 아닙니다. 정의, 사랑, 진리가 실제로 존재해요. 그야말로 정말 실재하는 존재로요. 하느님은 우리를 사랑하십니다. 우리에게 다가오세요. 주님의 길을 우리가 걸어가고 살아갈수록 그럴수록 정의와 진리에 대한 불안은 적어지고, 우리 가슴은 그럴수록 더 부활절의 기쁨에 충만해집니다. 부활절은 한낱 이야깃거리일 뿐이 아니라 이정표입니다. 아주 오래전에 있었던 기적에 대한 보고일 뿐이 아니에요. 전체 역사의 의미가 결정되어버리는 일종의 돌파구입니다. 이걸 깨달은 사람은 오늘날에도 부활절 인사를 하며 그 기쁨이 조금도 줄어들 리가 없습니다. 그리스도가 부활하셨잖아요. 그래요. 정말로 부활하셨습니다.

Ⅳ

"성문들아, 머리를 들어라"(시편 24,7)

묘하지만 우리 상상력으로는 그리스도의 부활이라는 복음을 아무래도 이해하기 힘든 게 아닌가 싶습니다. 이 복음은 전체로 보아 성탄의 복음만큼 우리 마음에 그렇게 직접 파고들지 못해요. 출산이야 우리 경험의 영역에 드는 일이니까. 게다가 탄생에는 언제나 희망 같은 것, 기쁨 같은 것이 담기지요. 그래서 사람의 아들로서 마구간에 태어나신 하느님 아들의 이야기는 우리 마음에 그대로 와닿아 설레게 할 수 있습니다. 심지어 저 아기의 신성을 믿지 않는 사람에게도 무언가 의미가 있을 수 있겠고. 그러나 부활은 우리의 경험영역 밖이지요. 우리가 아는 건 죽음이 뒤따르는 생명뿐이잖아요. 부활의 복음을 대하며 우리가 봉착하는 이러한 속수무책 상태를 가장 뚜렷하게 표현한 것은 아마 루돌프 불트만이 아닐까 싶습니다. 그는 이렇게 말하지요. 되살아난 시신의 기적이라고 해서 무슨 이야깃거리가 되겠나?

그러니까 이런 물음입니다. 예수님의 부활이 그저 난해한 기적의 하나일 뿐으로 일단 일어난 인간의 정해진 운명 자체를 조금만큼도 바꿀 수 없는 것 아닌가? 교회 전례는 이 점에서 파악 불가능한 걸 우리에게 친숙하거나 적어도 부활 신앙의 방향으로 우리 마음을 인도하여 이해의 실마리라도 제공해주는 비유며 상상으로 옮기면서 우리를 계속해서 도와주려고 합니다. 빛이며 물과 같은 상징들을 이용하지요. 그러나 무엇보다 인간의 수난, 기도, 회의, 분투, 희망 등 구약성서에 나오는 위대한 보물을 효과적으로 활용합니다.

아주 초기부터 전례에서 부활절 신비를 조명하며 썼던 성서 말씀들이 많은데, 성탄절과 부활절을 동시에 엮어내어 기독교의 내적 통일성이 드러나도록 하는 말씀 하나만을 골라 살펴볼까 합니다. 시편 24에 나오는 말씀입니다. "성문들아, 머리를 들어라. 오랜 문들아, 일어서라. 영광의 임금님께서 들어가신다."(7절) 우리의 대림절 노래 "성문을 높이 들어라"가 이 시편 말씀에서 나온 거지요. 원래는 이 시 전체가 성문-전례, 그러니까 입성 전례와 문 전례의 구성요소입니다. 성궤의 장엄한 성전 입성 때에 이 노래를 불렀어요. 하느님께 이 집에 사십사, 사람들 사이에 자리를 잡으시라고, 사람들의 이웃이 되고 같은 집에 사시라고 초대하자는 거지요. 하느님이 사람 집에 들어가시어서 그 집을 하느님의 집으로 만드시고 그래서 그 안에서 인간 세상을 하느님 세상으로 바꿔주십사는 청입니다. 동시에 그 어느 사람의 집도 하느님을 모실 수 있을 만큼 크지 못하다는 사실을 놓고 볼 때, 그런 청이 얼마나 당연하지 못하고 더 나아가 사실 불가능하게 보일 수밖에 없다는 생각도 하였지요. 우리 인간 영역의 규모를 벗어나시는 분이시니. 어디에 어떻게 들어서실 수 있겠습니까? 다시 돌아올 일 없는 집인 거지요. 그런데 그 뒤로 우리 모두의 길이 입구는 있으나 출구가 없는 감옥으로 이어진다면, 우리는 모두가 죄인인가 하는 생각이 조금씩 불거졌어요. 그렇다면 지금 이 세상부터도 이미 무덤, 그러니까 끔찍한 감옥으로 통하는 대기실인 셈이지요. 실제로 죽음에 최종 결정권이 있다면, 이 세상은 허무로 향하는 대기 공간인 거잖아요. 우리 세기의 작가들은 이런 기분을 전율을 일으키는 비전으로 묘사하였지요. 이 불안이란 나락의 맨 밑바닥까지 내려간 작가는 아무래도 유대인 작가인 프란츠 카프카(Franz Kafka, 1883-1924)가 아닐까 싶군요. 그는 전체주의적으로 통치되는 세상에서 살아가는 사람의 생활을 해석하여 보여주었어요. “성”에서는 인생이 그저 하릴없는 기다림, 관료주의로 뒤엉킨 길을 더듬어 담당자, 해방자를 찾아가는 출구 없는 시도로 나타나지요. “소송”에서는 인생 자체가 처형으로 마감되는 하나의 소송으로 그려져요. 이야기는 평생 문 앞에서 기다리지만, 정작 그 자신을 위해 만들어진 그 문 안으로 끝내 들어가지 못하는 사람의 우화로 마감되지요.

그리스도가 부활하지 않았다면 사람에게는 이것밖에 달리 말할 게 없어요. 다른 것은 모두 마취일 뿐이지요. 우리가 겪는 절망의 절규와 해방을 위한 혹독한 시도야말로 희망인 그리스도를 받아들이려 하지 않는 세상에 닥칠 수밖에 없는 결말이거든요.

“너희 문을 높이 들어 올려라”–이 시편 말씀이 그저 전례의 유희, 지나간 시대의 성문–전례일 뿐인 것은 아닙니다. 사람이 우주선을 타고 달과 그 너머까지 갈 수 있어서 훨씬 좁아진 세상에서 들리는 인간의 절규입니다. 성탄은 이러한 절규에 대한 그리스도교 응답의 앞쪽 절반일 뿐이에요. 성탄이 이야기해주는 것은, 단지 죽음의 폭군만 있는 건 아니다.

생명이신 하느님이 계시고, 우리에게 다가오실 수 있고 그러려고 하신다. 우리에게로 오는 길을 이미 뚫으셨다. 하느님이 쓰실 수 있을 정도로 충분히 높은 문을 찾아내셨다. 아니 그보다 오히려 이 문을 창조하셨다. 이런 것이지요. 하지만 이 대답이 하느님이 우리에게 다가오시는 입구로 그치지 않고 우리에게도 출구가 되어야만 완전해지지요. 죽음이 더 이상 돌이킬 길 없는 감옥이 아니어야만 완전해지죠. 이게 바로 부활절 복음의 내용입니다. 입구만 있는 게 아니라 출구도 있는 것. 죽음은 더 이상 출구 없는 집, 돌이킬 길 없는 땅이 아닙니다.

옛날 교회에서는 이 시편 구절에서 "저승에 가시어"라는 사도신경 구절의 해석을 보았어요. 성 토요일의 메시지였던 거예요. 슬픔의 말씀이 아니라 승리의 말씀이지요. 옛날 교회에서는 이 말씀을 죽음의 감옥, 이 세상의 감옥 빗장이 풀리고, 성채가 헐리며 성문 돌쩌귀가 열렸다고 시적으로 표현했어요. 저 일을 하신 예수님은 거기 오래 잡혀있던 죄인들—아담과 하와, 즉 인류를—손을 잡고 데리고 나오십니다. 인생은 허무로 통하는 대기실이 아니라 영생의 시작이 됩니다. 이 세상은 우주의 강제수용소가 아니라 희망의 뜰이고요. 인생은 관료제의 미로 모습으로 표현되는 의미를 찾아 떠도는 헛된 추구가 아닙니다. 하느님은 관료가 아니시지요. 어디 동떨어진 성에 사시는 게 아니고 닿을 길 없는 대기실 너머에 숨어계시지 않아요. 문은 열려있어요. 그 문의 이름이 바로 예수 그리스도입니다.

이 문의 빛줄기를 우리에게 보여주는 것－그것이 바로 부활절 축제의 의미이죠. 흔들리지 말고 이 빛줄기를 따라가라는 것이 부활축제의 메시지입니다. 이 빛줄기는 무슨 신기루 같은 게 아니라 구원의 빛줄기가 비쳐드는 것이니까.

V

증인들의 이야기

주님의 부활을 전하는 글 가운데 남아있는 가장 오래된 것이 바오로가 코린토 사람들에게 보냈던 첫째 편지 15장입니다. 학자들은 이 편지의 성립 연대를 55년 또는 56년 봄으로 확인하였어요. 그러나 부활의 소식은 그보다 더 오래되었지요.

그리스도교에 대한 나름의 그림을 그려보려는 코린토 사람들에게 바오로는 전승된 사도신경 원문을 강조하면서 그 자신의 그리스도교 공동체 입문과도 맞물리는 글귀를 글자 그대로 인용합니다. 그 글이 정확히 언제 어디서 생겼는지에 대해서는 논란이 있어요. 한쪽에서는 이걸 배경으로 아람어 원본을 재구성할 수 있다며 30년대 아람어를 쓰던 예루살렘 공동체에서 만든 것이라고 하지요. 한편 40년대 초에 안티오키아 사람들이 작성한 것이라고 주장하는 사람들도 있어요.

어떻든지 간에—그 글은 물론 사도행전 이야기에서도 초기의 말, 사건의 직접 증언자들이었고 또 증언들 이름을 대던 사람들의 말을 들을 수 있습니다. 아울러 예수 그리스도의 복음을 전파하던 사람들이 지키려고 했던 어떤 엄정성의 기운이 느껴지죠. 자신은 저 사도들과 무관하고 자신이 직접 주님과 만난 것이 자기 이야기의 원천이라고 강조하는 바오로 역시 자신의 그리스도교를 세운 게 아니고 쓰는 말까지도 공통의 고백과 연결합니다. 신앙의 결정적인 보물 두 가지가 다 그걸 요구하니까. 그래야만 시간과 공간 차원에서 교회의 통일성이 보장되고, 그래야만 전승된 것의 엄정성에 기반한 증언의 진실성도 담보되니까. 코린토 사람들에게 보낸 첫째 편지의 언어 구성만 보더라도 전승된 말씀과 바오로 자신의 언어 사이의 차이가 손에 잡힐 듯 여실히 드러납니다. 이는 그리스도교의 기원에 관한 베드로의 둘째 편지에서도 이야기 됩니다. 그러니까 예수 그리스도의 권능과 재림을 일러줄 때 교묘하게 꾸며 낸 신화를 따라 하는 것이 아니라 그분의 위대함을 목격한 사람들을 믿어서 그렇다고(2베드 1,16).

부활하신 분에 대한 믿음은 실제 일어났던 사건에 대한 믿음입니다. 그리스도교가 전설이나 지어낸 문학이 아니요, 단순한 호소라든가 한낱 위안이 아니라는 사실은 오늘날에도 여전합니다. 이 믿음이 실제로 일어난 현실의 단단한 기반 위에 있으니까. 성경 말씀들을 읽으면 오늘날에도 주님의 거룩한 상처가 만져지는 듯하고, 토마스와 함께 "나의 주님 그리고 나의 하느님"(요한 20,28) 하며 기뻐하고 감사하며 말할 수 있습니다.

물론 끊임없이 떠오르는 의문이 하나 있기는 해요. 부활하신 분, 예수님을 모두가 다 보진 않았으니까. 왜 그러지 못했을까요? 예수님은 어째서 의기양양하게 바리새인들이며 빌라도에게 가시어 당신이 살아 계시다는 걸 보여주지 않으셨을까? 그들더러 당신의 성흔을 만져볼 수 있도록 하지 않으셨을까? 저런 의문들에서 우리가 잊어버린 게 있습니다. 예수님이 라자로나 나임의 아들처럼 죽었다가 다시 살아난 사람이 아니라는 사실이지요. 저들은 그저 지금까지의 생물학적 생명으로 다시 한번 돌아온 것일 뿐이거든요. 그러다 나중에 언젠가는 죽음으로 끝날 수밖에 없고. 예수님께 일어난 일은 달랐습니다. 옛날의 생명으로 돌아오신 게 아니라 새로운 생명, 더 이상 죽음이라는 자연의 법칙에 지배당하지 않고 하느님의 자유 안에 있어서 영원한 궁극의 생명으로 새로 들어서셨습니다. 그 말은 곧, 이 생명이 좀 더 고차원한 방식으로 물질과 자연을 담고 있긴 하지만 이제 더는 물리학이나 생물학적 법칙에 얽매이지 않는다는 뜻입니다. 그래서 우리의 감각으로 만지고 볼 수 있는 영역에 있는 게 아닙니다. 부활하신 이가 마치 한 토막의 나무나 돌처럼 그렇게 보이지는 않습니다. 당신이 직접 나타나서 보여주시는 사람만 볼 수 있어요. 그리고 파견 보낼 수 있는 사람에게만 나타나시어 모습을 보이세요. 당신 모습을 볼 수 있는 것은 호기심이 아니라 사랑입니다. 부활하신 분을 보고 이해하여 받아들이는 데 없어서는 안 되는 기관이 바로 이 사랑이거든요.

그렇다고 주님이 말씀을 건 사람은 반드시 믿음의 신자일 수밖에 없다는 말은 아닙니다. 바오로도 그러지 않았고, 토마스도 그러지 않았어요. 나머지 열한 명도 그러지 않았던 게, 그들마저도 회의와 슬픔에 빠져있었거든요. 이들에게는 메시아의 나라가 세워지는 것으로서의 승리 아니면 그 나라의 멸망이 있을 뿐이었어요. 그런데 그들이 이제 만난 부활은 그들이 상상할 수 있던 게 아니고 또 그들이 고대하던 게 아니었어요. 사전의 믿음으로 부활의 비전이 생겨날 수 있는 게 아니었어요. 절대 아닙니다. 불신 상태 또는 믿음이 작아지는 상황에 부활하신 분이 실제로 나타나시자 믿음이 생겨난 것이든요. 하지만 주님이 전제하신 게 있는데, 바로 기다리는 마음가짐, 열린 마음으로 언제라도 예수님을 섬기는 일을 하겠다는 마음 자세이죠. 보는 게 그대로 보는 걸로 머물러서는 안 돼요. 사랑이 되고 증인이 되어야만 합니다.

중요한 게 하나 더 있어요. 예수님은 떠나시면서 – 엠마오 – 이야기와 마리아 막달레나 집에서 가장 분명하게 – 모습을 보이셨습니다. 함께 가자고 부르시지요. 부활은 호기심에 대한 대답이 아니라 파견에 대한 대답입니다. 세상을 변화시키려는 것이지요. 부활은 적극적인 기쁨이요, 부활하신 이의 길을 함께 가는 사람의 기쁨입니다. 이것은 오늘날에도 마찬가지예요. 함께 갈 때만 모습을 보이세요. 여인들에게 한 천사의 말 첫마디가 주님은 여기에 계시지 않는다는 것이었어요. 주님은 여러분보다 먼저 가실 테니 여러분은 거기서 주님을 보리라(마르 16,6이하). 이렇게 하여 부활하신 분이 계신 자리는 영원히 기록되었고, 또 예수님을 만나는 방식도 정해졌어요. 예수님은 여러분보다 앞서서 가세요. 미리 가시면서 거기에 계세요. 뒤를 따르면서 우리는 그분을 볼 수 있습니다.

Ⅵ

저녁에 눈물, 아침에 환호

교회는 아주 초기부터 대축일을 하루로 제한하지 않고, 8일(8부 Octave)을 덧붙여서 강조하였습니다. 한 주일 내내 여운이 계속되고 여드레째 되는 날 다시 시작하지요. 일곱 나날에

여드레째 날을 보태는 건 시간의 전체성과 시간이 영원으로 건너감을 상징해요. 한 주일 내내 이어지는 축제는 삶의 기본 단위에 해당하는데, 그래서 영원의 자유에서 비치는 빛이 미리 비쳐 보이는 것이요 또 이 지상에서 보내는 나날들의 고단함 속에서 평화와 희망의 상징이기도 합니다. 교회는 부활절이 축제 중의 축제, 축하와 기쁨의 내적 근거 그 자체라는 사실을 부활절 8부가 일곱 날이 일곱 번 동안 이어지게 하여 커다란 체험의 사건이 되게 하려고 하였습니다. 부활절로부터 50일째 되는 날인 오순절은 사실 전혀 새로운 축제가 아니죠. 7일씩 일곱 번 이어지는 순환의 마무리이며, 7일이란 이제 더 이상 시간의 종을 치지 않으실 하느님의 자녀들이 시간의 굴종에서 벗어나 무한한 기쁨으로 건너가는 걸 나타냅니다.

이 50일은 교회가 40일을 들여 부활절을 준비한 노고에 대한 대답입니다. 40은 고대 상징언어에서 세속의 시간을 나타내는 숫자예요. 4씩 늘려가는데, 그건 바로 지구의 4방위 끝과 세속적인 것 전부의 끊어짐, 유한성, 미완성, 노고를 연상케 해요. 40이 50에 다가가지요. 끊어진 것이 온전한 전체에게로. 주님의 부활이 저 둘 사이의 축입니다. 시간을 이런 식으로 갈라 나누는 것만으로도 교회는 부활절의 의미, 우리가 어떻게 축하할 수 있고 또 축하해야 마땅한지에 대한 심오한 영적 해석을 제시합니다. 이 모든 게 전례 놀이가 아니라 신비를 우리 삶 속에 옮겨놓는 일이요 일회적인 것을 늘 되풀이되는 인간 삶의 새로움으로 옮기는 일이니까요.

여기 담긴 의미가 무엇이고, 그것이 우리를 어디로 인도하는지 성 주간의 전례 속에서 중요한 역할을 하는 시편 말씀 하나를 들어 넌지시 말씀드려 볼까 합니다. 시편 30장 6절에서 기도하는 사람은 하느님과의 경험을 감사한 마음으로 이렇게 고백해요. "그분의 진노는 잠시뿐이나 그분의 호의는 한평생 가니, 저녁에 울음이 깃들지라도 아침에는 환호하게 되리라." 성 토요일에 이 시편 말씀을 읽은 그리스도인들에게 이 말씀에 담긴 실제 내용은 아주 새로운 게 됩니다. 저녁에 눈물–아침에 환호, 이들 앞에는 성 금요일 저녁이, 죽은 아들을 품에 안으시고 애끓는 어머니가 계시지요. 그러나 이 피에타 상, 역사의 일몰에 아침의 모습이 이렇게 답해요. "주님께서 부활하시어 여러분보다 앞서 갈릴레아로 가셨도다."

그러면 이제 그분의 진노는 잠시뿐이나 그분의 호의는 한평생이라는 다른 말씀도 이해가 되지요. 십자가의 캄캄한 순간에 이어 영원한 생명이 따르고, 순간에 이어 영원이 뒤따른다는 말이잖아요. 40일에 50일이 답하고, 끊어지고 깨어진 것에 온전한 전체가 답하며, 순간에 영원과 파괴되지 않는 것이, 피에타상의 눈물에 온전한 생명의 아침이 답합니다.

성경을 깊이 생각하며 읽는 독자들에게는 바오로에게서 이 경험이 다음과 같이 그리스도교의 희망에 대한 신앙고백으로 옮겨지는 게 보입니다. “장차 우리에게 계시될 영광에 견주면, 지금 이 시대에 우리가 겪는 고난은 아무것도 아니라고 생각합니다.”(로마 8,18) 저런 확신이 실존의 무게 중심을 옮겨요. 그래서 순간과 순간의 어려움에서 그 짓누르는 무게가 없어지고 생명의 아침에 무게가 실립니다. 저녁의 눈물은 영원할 영광으로 해소되고. 바로 이게 부활절신앙이 우리에게 선물하고자 하는 것입니다. 저녁 너머로 아침을 바라보는 것, 부분 너머 전체를 보는 것, 그래서 구원받은 사람들의 기쁨, 저 사흗날 아침에 와서 그리스도가 부활하셨다는 복음을 맨 먼저 듣는 기쁨으로 가는 여정에 오르는 것.

성령의 잔치

I

고요에서 얻는 힘의 각성

성령강림 대축일과 성령 – 그리스도교가 생겨나면서부터 이 핵심어에는 거의 자석과도 같은 힘이 담겼고, 그 효력은 다른 시대도 아닌 근대에 이르러 교회 신자들의 범위보다 훨씬 더 멀리까지 미칩니다. 처음 경험한 세속적 교회 모습은 당연히 온갖 한계와 인간적 면모들을 보였지만, 점점 더 성령의 교회, 자유와 사랑의 교회를 바라는 동경이 자라났습니다. 이런 움직임은 2세기 몬타누스파 설교자들에게서 시작되었습니다. 그리고 그 기운은 제2차 바티칸공의회를 관통하여 동반했던 희망이며 바람들에 이르기까지 감지됩니다.

중세 한창 전성기 무렵 칼라브리아의 수도원장 피오레의 요아킴(Joachim of Fiore, 1135-1202)은 이러한 기대를 담아내는 형식을 고안해 냈는데, 그 뒤 세기가 거듭될수록 그 형식은 마치 마그마처럼 성장하였습니다. 그의 가르침에 따르면, 성부의 첫째 나라와 성자의 둘째 나라를 따라 셋째 나라인 성령의 나라가 이어집니다. 이 성령의 나라에서는 외적 법률이며 외적 질서가 더 이상 필요하지 않은데, 성령과 사랑이 사람을 자유로 이끌고 외적인 지배란 게 다 쓸데없는 것이 될 것이기 때문입니다. 12세기 이래 신학자, 철학자, 정치가들이 계속해서 이 비전의 영감을 새롭게 받았습니다. 이탈리아에서 교황의 지배에 반대하여 로마 공화국을 재건하기 위한 중세의 첫 시도들은 저 예언적 수도원장을 의지하였습니다. 불행한 기억의 두체(Duce)[7]만 하더라도 제네바의 어느 강의실에서 저 중세 성직자의 가르침을 배웠고 그것을 실행에 옮기는 역할을 하려고 했었지요. 그뿐만 아니라 헤겔도

7)[역주] 이탈리아어로 '지도자', '총통'을 뜻하는데, 공작(Duke)와 마찬가지로 라틴어 Dux에서 비롯. 가리발디를 사람들이 두체라고 불렀고, 베니토 무솔리니도 그렇게 불린 바 있다. 여기서는 무솔리니를 지칭하는 듯하다.

요아킴의 영감을 받았기에, 그와 소외와 착취 없고 계급 없는 사회에 대한 마르크스주의적 희망 사이에는 가냘프나마 이어지는 점이 있습니다.

성령 주제의 변주에는 성령의 나라를 현실적 국가로 세울 수 있다는 희망에 이르기까지 무수히 많습니다. 그런데 성령 강림 축일에서 전하고자 했던 복음은 도대체 무엇일까요? 이 주제의 발원지인 교회에서는 저 온갖 변주들, 그 작용으로 볼 때 대부분 교회에 거스르는 저 변주들에 어떤 대답으로 대응할까요? 교회에서 이 사안에 대해 한 말 중에 오늘날까지 중요성을 잃지 않고 신자들의 범위를 벗어나서도 그 의미가 있는 게 있을까요? 애초부터의 신앙의 전승에서 어떤 대답이 남아있기란 힘든 일인데, 그 이유는 손에 잡힐 듯 구체적인 희망과 프로그램에 곧바로 누구나 한눈에 이해할 수 있는 것을 대입할 수는 없기 때문입니다.

이 딜레마가 얼마나 일찍부터 감지되었는지 요한복음에서 볼 수 있습니다. 하도 위대하여서 가늠하기조차 어려울 때가 많은 말들이 나오는 한복판에 거의 당혹스럽기까지 한 현실 문제들이 불거져 나오는 것입니다. 이를테면 예수님이 막 이

별의 인사말을 하시는 와중에 유다 타대오가 불쑥 이런 질문을 던지지요. "주님, 저희에게는 주님 자신을 드러내시고 세상에는 드러내지 않으시겠다니 무슨 까닭이십니까?"(요한 14,22)

드러내 이야기하지는 않지만, 우리가 늘 제기하는 바로 그 질문입니다. 부활하신 그분은 어째서 적들 앞에 당당히 나서시어 의혹을 남김없이 말끔히 부수어 날려버리지 않으시고 그저 당신 제자들 사이에만 머물고 마셨는가? 설왕설래의 여지가 없게끔 성령의 나라이자 사랑의 나라를 세우면 될 것을 왜 그러지 않으시고 역사가 그토록 힘겹게 복음의 말씀만으로 더듬어가며 흘러가도록 하셨을까? 요한복음에 나오는 예수님의 대답은 암호의 성격이 아주 짙습니다. 아우구스티누스는 이를 이런 문구로 표현한 적이 있습니다. 문제는 오직 성령이 있는 사람만이 성령을 볼 수 있을 뿐이라는 것. 이 말에서 아우구스티누스가 존경했던 철학자 플로티누스(Plotinus (204/205–270)의 말이 떠오릅니다. 그 말을 괴테는 이런 식으로 옮겼습니다. 눈이 태양과 같지 않고서는 태양을 볼 수 없다.

그럼 질문을 다시 한 번 던져 봅시다. 자, 이제 성령강림일과 성령이 대체 어떻다는 것인가요? 성령을 직접 내보일 수 없으니 그저 비유로, 우화로 의도하는 바를 짐짓 암시하려는 시도일 뿐입니다.

교회의 전례에서는 예로부터 시편 68에서 크게 도움이 되는 비유를 하나 찾아냈습니다. 에페소 신자들에게 보낸 서간(4,7)에서 그리스도 승천에 대한 승리의 노래로서 또 그럼으로써 부활절과 성령강림축일을 연결하는 맥락에 대한 설명으로 이해되었던 것이기도 합니다. 이 시편의 19절은 이렇습니다. "주 하느님으로 좌정하시려고 당신께서는 포로들을 거느리시고 높은 데로 오르셨으며 사람들에게서, 심지어 반항 자들에게서도 예물을 받으셨습니다."(시편 68, 19) 사도행전에서는 이 의미를 이렇게 해석했습니다. 그리스도는 메시아로서 세계사의 결정적인 싸움, 곧 생명의 숙적인 죽음과 싸움을 벌여 승리하신 무적의 임금님이시다. 이제 그리스도는 전리품을 나눠줄 승자의 권리를 요구하신다. 그런데 나누어주시고자 하는 전리품이 무엇인가? 대답은 이렇습니다. 하느님의 선물은 하느님 자신이요 성령입니다.

이것은 인간에게 너무 크면서도 또 동시에 너무 작은 것입니다. 분명 이스라엘은 전투를 벌여 선택받은 민족에게 전대미문의 가치가 있는 전리품을 가져다 안겨줄 승자를 고대해왔던 게 사실입니다. 그러나 이 전투 – 십자가 – 와 이 전리품이란 게 믿는 자들에게 힘이 되는 성령이라니, 그 기대는 실망하고 말았지요. 바라던 바가 그게 아니었으니까. 사람들은 등을 돌려 막강한 로마군과 강력하고 필사적이면서 영웅적인 전투를 벌일 다른 메시아들을 구하려 찾았습니다. 그러나 그러면서 이스라엘부터 먼저 폐허로 만들었습니다. 그 전리품은 죽음이었습니다. 죽음이야말로 수십 년에 걸친 저 싸움의 실질적인 승자였습니다.

그러면 그리스도교인과 그리고 오늘날 여기의 우리는 어떤가요? 우리 역시 구세주께 바오로가 묘사해 놓은 것과는 전혀 다른 선물을 기대할 것입니다. 우리가 고대하는 것은 결국 집, 돈, 좋은 식사, 멋진 여행, 성공, 명망(인기), 편안함, 우리의 휴식, 안전 같은 것들이지 않은가요? 그렇지만 성령을 고대하지는 않지요. 성령은 정말이지 저 모든 것과는 전혀 동떨어진 것이니까요. 성령은 미심쩍은 온갖 타협을 바탕으로 할 때가 많은 우리 재산, 안락함, 명망이나 인기를 불안하게 만듭니다. 성령은 폭풍입니다. 우리를 안락함 속에 놓아두질 않고, 진리를 위해 일하도록, 자제하여 자기 자신을 이기도록 강요합니다. 이 자기 극복은 곧 다른 사람들을 "제 몸처럼" 사랑하는 것이지요. 성령이 우리에게 가르치는 구원은 "제3제국"[8]의 구원이나 다른 온갖 세속의 낙원들이 주는 구원과는 전혀 다릅니다. 그른데 사람을 자기 자신으로부터 해방하여 참되고 선량하게 만드는 것, 결국 그게 바로 폭풍 아닌가요? 세상 모든 혁명의 가장 깊은 희망이요, 유일하게 실재하는 세상의 희망이 아닌가요?

그런데 이제 이런 의문이 드는데, 사실 모순이 아닐지요? 한쪽에서는 성령이 내놓아 보일 수 없는 것이라고, 사람을 근본 바탕부터 흔들어 변화시키면서도 예컨대 새 자동차를 구경시키듯 내보일 수는 없는 사랑처럼 아주 깊은 의미에서 볼 수 없는 것이라고 합니다. 그러면서 다른 한편으로는 성령이

8)[역주] 그리스도교 신학에서 미래의 이상 국가를 뜻하는데, 히틀러의 나치 독일에서 스스로 그렇게 칭하기도 하였다. 제1제국은 신성로마, 제2제국은 프로이센 제국이었다.

폭풍이요 변화인데, 그것도 새로운 창조의 힘으로 표현될 정도의 변화라서 그 효과가 애초의 "창조"에 비해 덜 근본적이지 않다고 합니다. 도대체 무슨 관계라는 말일까요? 드러내 보여줄 수는 없지만, 인간 생활, 더 나아가 현실 전체의 근간이 되는 사랑을 가리키는 것으로, 이미 대답의 핵심은 제시되었습니다.

거기 함유된 의도를 조금 더 뚜렷하게 보여줄 법한 우화가 하나 있습니다. 몇 해 전에 "영혼의 방황"이란 제목의 아주 인상적인 영화를 볼 수 있었습니다. 착한 마음 때문에 성공을 거둘 수 없는 가엾은 두 악마의 이야기를 다룬 영화였습니다. 그중 한 악마는 어느 날 더 이상 내줄 게 없던 터라 제 영혼을 팔아 보자는 데 생각이 미쳤습니다. 그 영혼은 아주 싼 값에 팔려 어느 상자 속 꾸러미에 던져집니다. 이 순간부터 저 자신도 어안이 벙벙할 정도로 인생의 모든 일이 달라집니다. 순식간에 재산이 불고 불어서 점점 더 부자고 되고 높은 명예를 얻고 돈과 재산 많은 명사로서 죽음을 맞습니다. 그의 영혼을 떼어내던 그 순간 더는 조심할 게 없고, 더는 인간적인 면모가 남지 않았습니다. 그는 인정사정없이 오로지 이익과 성공만을 위해 행동합니다. 이제 사람 따위는 중요하지 않습니다. 그 자신 영혼이 없는 상태니까. 이 영화에서는 성공적인 외관 이면에 가려진 공허한 실존의 모습이 아주 감동적인 방식으로 그려집니다. 겉보기에는 아무것도 잃은 게 없어 보입니다. 그러나 영혼이 없으니 모든 게 없는 셈이지요.

실질적인 의미에서 사람이 사람인 것은 영혼 때문인데, 사람이 이 영혼을 떨쳐버릴 수 없다는 건 분명합니다. 사람은 어디까지나 사람이니까. 그렇지만 사람에게는 사람이면서 비-인간일 수 있는, 경악할 만한 가능성이 있습니다. 사람으로 남으면서도 동시에 사람의 면모를 함부로 팔아치워 잃어버리는 것입니다. 사람과 비-인간 사이의 간격은 가늠할 수도 없고 내보일 수도 없습니다. 실제로는 결정적인 것이지만, 겉보기로는 중요하지 않은 것처럼 보입니다. 이게 바로 성령강림 대축일이 무엇을 의미하는지 많은 것을 이해할 수 있게 하는 우화구나 하는 생각이 들었습니다.

성령이, 새로운 창조의 선물이 사람에게 오든 말든, 성령이 사람에게 여지를 주든 말든 겉으로 보기에 볼 수도 없고 또

증명할 수도 없습니다. 무게가 없는 것 같습니다. 그렇지만 거기서 인간 삶의 새로운 차원, 궁극에는 모든 게 달린 그 차원이 열립니다. 그렇게 성령강림의 의미가 미래를 위해 더 나은 세상을 꿈꾸게 하는 것은 아닌 모양입니다. 더구나 우리에게 다가오는 미래를 위해 현재를 함부로 키메라에게 희생하는 미래의 전략을 만들게 하는 것은 더더욱 아닌 듯합니다. 이날의 의미라면 아무래도 그 정반대일 듯합니다. 오늘을 위해, 우리의 현재 존재의 문을 두드리며 탈바꿈하고 싶어 하는 하느님 자비의 고요한 힘에 각성하자는 것입니다. 고요에서 나오는 힘에 대한 각성−이것이야말로 그리스도인에게나 비−그리스도인에게나 마찬가지 의무요 동시에 희망이 아닐까요? 모두와 관계될 수 있는 성령강림에 대한 의미부여가 아닐까요?

Ⅱ

성령에 부합한 행동에 대한 묵상

교회의 큰 축제들 대부분은 그 뿌리가 이스라엘 신앙에까지 거슬러 올라갑니다. 이스라엘 축제의 기원은 다시 자연종교, 곧 농업 또는 유목 세계의 잔치로 거슬러 올라갑니다. 이 자연종교로부터 점차로 구약 종교의 특별함과 새로움이 발전해 왔습니다. 그래서 이들 축제에는 오랜 역사를 통해 전해 내려오는 짐 꾸러미가 함께 실려 있고, 바로 그러한 점이 이들 축제의 아름다움입니다. 말하자면 이들 축제는 우리의 분주한 일상과 정신없는 여가활동으로부터 우리를 벗어나게 합니다. 이 분주함과 정신없음에 점점 더 지루해지기 시작하던 우리였습니다. 우리가 노상 만난다는 것이 마냥 똑같은 것, 우리 스스로 만들어낸 것일 뿐이고, 우리가 늘 꿈꾸기만 하는, 전혀-다른 것 속으로 가는 짧은 소풍마저 성공할 기미가 없으니까. 그리스도교 축제는 여가 이상의 것이고, 그런 까닭에 도저히 없어서는 안 되는 것입니다. 눈을 뜨면 그 속에서 아주 다른 것, 우리 역사의 뿌리, 인류의 원초적 경험들을 만나고, 이들을 통해서 사람의 참된 잔치인 영원한 사랑을 만나기 때문입니다.

이러한 사실을 성령강림 대축일에서 좀 더 자세하게 살펴보도록 합시다! 가장 오래된 역사로부터 보자면 성령강림축일은 애초 추수 감사제입니다. 팔레스티나에서는 오월에 곡식이 영급니다. 성령강림축일은 밀 추수에 대한 추수 감사였습니다. 인간은 하늘과 땅의 공동작업 속에서 일어나는 생산작용을 기적으로 보고, 그것으로 먹고살면서 다시 감사함이야말로 이 기적에 대한 올바른 대답이란 사실을 깨닫습니다. 그렇게 수확은 잔치로 변합니다.

오늘날, 이 축제는 정말로 무의미한 것이 되고 만 것일까요? 우리가 성령이란 말에서 그리스도교의 내부 성격만을 생각하고, 추수에서 그저 기술과 시장만 생각할 뿐이라면, 우리의 세계상은 정신분열적인 것이 되고 맙니다. 교회에서 성령강림 대축일에 기도드리는 시편의 말씀이 하나 있는데, 다음과 같습니다. 당신의 성령을 우리에게 보내소서. 그러면 모든 것이 새로 창조되리니. 이 말에서 먼저 생각나는 것은 이 세계를 처음 존재하게 하고 이 세계를 존재 속에 유지하는 창조 정신입니다. 성령강림축일을 맞아 이 일이 다시 일어난다는 것이 중요합니다. 사도들 위에 강림한 성령은 이 세상을 빚어냈던 바로 그 성령입니다. 우리 시대 문제의 상당 부분은 우리가 이 세상을 그저 물질로만 보고, 또 물질은 그저 우리의 생산을 위한 원료로만 보았다는 데에 있습니다. 한낱 물질에 지나지 않은 세상에 사람이 살 수 없다는 것은 놀랄 만한 일도 아닙니다. 그런데 그간 자연과학은 전대미문의 방식으로 물질이 얼마든지 정신일 수 있다고 가르쳐왔습니다. 면밀한 수학의 대단함 앞에서 우리 자신의 정신은 그저 어안이 벙벙하여 서 있을 뿐입니다. 이처럼 이 과학은 창조 정신의 불가사의한 논리마저 우리에게 거의 파악될 수 있게 하였습니다.

성령강림축일은 우리에게도 창조에 대한 감사의 잔치가 되어야 마땅합니다. 이 세상의 아름다움 속에서 모습들 드러내고 동시에 창조적인 사랑을 입증하는 창조적 이성에 대한 성찰이 되어 마땅합니다. 그다음에는 창조에 대한 감사가 창조에 대한 성찰, 창조에 부합한 행동에 대한 성찰이 될 수 있겠습니다. 창조에 부합한 행동은 곧 성령에 부응하는 행동이요, 이 세상을 남용하여 파괴하는, 쓸모만 생각하는 유물론으로부터의 회개입니다.

다음으로는 이를 배경으로 이스라엘에서 성령강림축일이 시나이 반도에 도착한 데 대한 감사요, 율법 속에서 이스라엘에게 이정표를 가져다 준 계약의 잔치라는 사실을 이해할 수 있습니다. 그리스도인들은 그간 이 생각의 연장 속에서 내내 그 나름의 성령강림축일을 보아왔습니다. 그래서 새로운 율법은 경계를 열고 새로운 계약 속에 사람들을 하나로 모으는 사랑입니다. 그러나 사랑 역시도 제멋대로의 성격, 자의적인 것이 아니라 내면으로부터 모양이 이루어지는 형성이요 창조의 리듬을 받아들여 완성하는 마음의 각성입니다.

이 세상을 처음 존재하게 한 창조 정신, 시나이반도에서 계약체결 속에서 말씀이 된 정신, 성령강림축일에 사도들에게 일어난 정신적 선물은 서로 하나로 이어집니다. 언제나 단 하나이며 동일한 성령입니다. 교회의 시작으로서 성령강림축일은 하느님의 계약을 모든 피조물, 모든 겨레와 모든 시대로 확장하는 것입니다. 전체 피조물이 계약의 범위에 포함되고 그럼으로써 비로소 모두의 본디 목적지, 곧 사랑의 처소에 이릅니다.

"사실 피조물은 (창조로부터) 하느님의 자녀들이 나타나기를 간절히 기다리고 있습니다."(로마 8, 19)라고 바오로 사도가 말하였습니다. 얼마 전까지만 하더라도 이런 이야기는 신의 인격화이자 인간중심적으로 비칠 법도 하였습니다. 하지만 오늘날 우리는 이제 하느님과 더불어 아무 것도 창조할 생각 없고, 하느님을 아예 이 세상에서 지워버리려고 하는 사람들의 발길질 아래에서 피조물이 신음하는 것을 느낍니다. 피조물이 하느님의 자녀들을 부릅니다. 계약을 바탕으로 창조된 피조물입니다. 사랑의 성령이 계시고 또 창조의 성령이 계십니다. “그 없이 사람 안에서 아무것도 그리고 세상 아무것도 온전치 않으리라.”(성령강림 축일 찬송) 우리가 성령강림 대축일을 계약 쇄신의 잔치로 살아갈수록 성령강림 대축일은 그만큼 더 창조의 축제요, 창조에 대한 감사이자 창조의 쇄신이 됩니다. 우리가 교회의 바탕이자 참 본질이 되는 것을 기준으로 하는 교회가 될수록 말입니다. “내가 너희에게 새 계명을 준다. 서로 사랑하여라.”(요한 13, 34)

성체 성혈 대축일의 의미

성체 성혈 대축일(Corpus Christi)의 의미를 이해하려면 아무런 사심 없이 그저 교회가 축제의 의미를 엄숙히 해석하여 시행하는 전례 모습을 보기만 하면 됩니다. 그리스도교의 축일은 모두 일정한 공통성이 있어요. 그런데 성체 성혈 축일 잔치에는 그 공통성을 넘어서는 고유한 축제 특성으로 세 가지 기본요소가 있습니다. 먼저 주님을 중심으로 모두 함께 모이는 일인데, 여기에는 주님 앞에 서기와 주님을 향해 서기 그리고 주님과 나란히 서기가 있어요. 다음으로 '주님 더불어 줄지어 걸어가기, 곧 행렬(=성체거동)'이 있고, 끝으로 그 모든 것 속에 담긴 의도이자, 그 중심이며 정점을 이루는 것으로 주님 앞에 무릎 꿇기, 흠숭, 조배(朝拜), 현양(顯揚)과 주님 곁에서 얻는 기쁨 등이 있어요. 오늘 좀 더 살펴보고 싶은 세 가지 기본요소는 그러니까 주님 앞에 서기, 주님과 함께 걸어가기, 주님 앞에 무릎 꿇기입니다.

I
주님 앞에 서기

고대 교회에서 '주님 앞에 서기'를 나타내는 표현이 스타치오 혹은 스타티오(statio)였습니다. 주님 이름을 부르면서 우리는 성체 축일에 일어나는 일과 그 안에 담긴 의미의 가장 오래된 뿌리와 만나게 돼요. 그리스도교가 세상에 널리 전파되자 그 사도들이 처음부터 가장 큰 가치를 둔 것은, 어느 도시든 단 한 명의 주교와 단 하나의 제단이 있어야 한다는 것이었습니다. 오직 한 분이신 주님의 단일성이 드러나도록 하자는 거지요. 주님은 십자가의 품에서 우리가 만나 하나가 되게 하시고, 이승의 삶을 구획하는 온갖 경계를 넘어 한 몸이 되게 하십니다. 하나같이 하나의 빵을 받아 모시고 직접 이 하나인 중심에 들어섬으로써 주님의 하나뿐인 몸인 살아있는 유기체와 같은 조직이 되는 것이야말로 미사성제의 가장 내밀한 의미입니다.

미사성제는 친구들끼리의 모임이나 뜻을 같이하는 사람들의 클럽에서 일어나는 사적인 일이 아닙니다. 그런 사적인 모임에서는 서로 마음이 맞는 사람들의 만남이 이루어지잖아요. 그보다는 주님이 도시의 성벽 앞에서, 그러니까 온 세상이 지켜보는 가운데 공공연하게 십자가에 못 박히셨던 일이라든지, 모든 사람을 향해 두 팔을 뻗으시는 일과 같이 미사성제는 모이는 사람들 면면과 무관하게 주님이 부른 사람들 모두가 함께, 공공연하게 드리는 공적인 전례입니다. 그러니 성체성사의 본질에 드는 것은 주님이 지상의 생애에서 먼저 몸소 살아 보여주신 것, 바로 서로 계파와 계층이 다르고 생각이 다른 사람들이 주님의 말씀과 그 위대한 사랑 속에서 하나로 모이는 것이지요. 그리스도교가 맨 먼저 전파된 지중해 연안에서 그리스도교로 귀화한 귀족이 코린토 부둣가의 노동자며 로마법에 따르자면 사람 취급을 받지 못하고 물건으로 다루어지던 비참한 노예 등이 함께 나란히 앉는 모습이야말로 성체 성혈 축일의 본질을 보여주지요. 문맹자 곁에 철학자가 앉고 예수 그리스도께 가는 나름의 길을 찾아낸 고

행자 곁에 회개한 창녀와 세리가 함께 앉는 것도 그렇고. 신약성서의 글귀들만 보더라도 세상 사람들은 저렇게 함께하려는 것을 끊임없이 흩트려버리고 자기들끼리만 문을 걸어 잠그려는 모습을 많이 볼 수 있습니다. 그러나 그러면 그럴수록 성체성사의 이 의미만이 더더욱 도드라지게 남지요. 함께 모인다는 것, 경계를 넘어선다는 것, 주님 손에 이끌려 사람들이 새로이 하나가 된다는 것 말입니다.

그리스도인들 수가 늘면서 한 도시에 단 하나의 제대와 단 하나의 미사성제란 제한을 더는 지탱할 수 없게 되었어요. 박해 시기에도 이미 로마에는 (추기경에게 봉헌된) '명의 성당'이 세워졌어요. 이것이 바로 나중에 나올 본당의 선구 격이지요. 평소 서로 다가서는 일이라곤 없을 사람들이 한곳에 모이는 미사성제인지라 일정 정도 공공성과 함께 마음대로 할 수 없는 어려움 같은 게 분명 없지 않았겠지요. 하지만 하나의 공간을 초월하는 개방의 장치나 조치는 충분하게 나타나지 않았습니다. 그래서 스타치오라는 제도를 마련했습니다. 무슨 말인가 하면, 교황이 로마를 담당하는 한 명의 주교로서 예배를 모시는데, 특히 사순절에는 개별 '명의교회'들을 두루 거쳐 가며 로마 전체를 위한 미사성제를 봉헌하는 거지요. 그리스도인들은 모여서 다 함께 교회로 행진하고. 그렇게 해서 개별 교회들에서도 전체의 모습이 가시화되고, 그 전체는 개별로 이어지잖아요.

성체 축일에서 이런 애초의 생각들을 받아들였습니다. 바로 세상의 집합장소(statio urbis)라는 건데, 우리는 주님 곁에 한데 모여 주님과 하나 되기 위해 교구의 교회를 열고, 도시 곳곳의 모퉁이며 골목으로부터 나와서 우리를 개방합니다. 계급과 계층, 통치자와 피통치자, 수공업 종사자와 정신적 활동 종사자, 이런 성향 저런 성향 등의 사람들이 경계를 초월하여 여기에서 함께 하는 것이기도 하지요. 여기서 본질이 무엇이냐 하면, 우리가 주님에 이끌려 여기 모인 것이고, 또 우리를 서로에게 이끄시는 이도 역시 주님이라는 사실입니다. 그 순간부터 우리에게 촉구되기 시작해요. 우리도 마찬가지로 마음으로 우리 자신을 받아들이고 개방하며 서로에게 다가가고 일상의 흐트러짐 속에서도 주님 덕에 함께 하나로 모인 것의 성격을 지켜내라고 말이지요.

모두 알다시피 우리 도시들은 전에는 듣도 보도 못한 고독의 장소가 되고 말았습니다. 가장 많은 사람이 밀집해 있는 커다란 블록들만큼 그렇게 외롭고 의지할 곳 없는 곳은 그 어디에도 없어요. 친구 하나가 이야기하는데, 북부 독일의 어느 대도시에서 그런 식의 밀집형 가옥들이 들어찬 블록에 집을 구했더랍니다. 블록을 벗어나면서 그 블록에 함께 사는 이웃에게 인사를 했더니, 그 사람 그저 어안이 벙벙하여 빤히 바라보더니 이렇게 말하더랍니다. "사람 잘못 보셨소이다!" 사람이 그저 군중일 뿐인 데에서는 인사가 실수가, 잘못이 되는 거지요. 하지만 주님께서는 우리를 모으시고 우리 서로를 개방케 하시어 서로를 받아들이고 서로 어울리게 하셔요. 주님을 향해 서서 서로를 향해 서는 법도 배우라고 하십니다. 우리 뮌헨의 마리아 광장(Marienplatz)도 저런 방식으로 그 존재의 가장 내밀한 의미를 깨닫게 합니다. 우리 얼마나 자주 바쁜 걸음으로 서로 스쳐 지나기만 했던가요. 이제 이 광장은 다 같이 함께하는 자리가 되어야 하겠습니다. 그 더불어 사는 삶이야말로 우리가 사명처럼 또 선물처럼 함께 보듬어 지켜가야 합니다.

광장이다 보니 참 많은 집회가 열리기 마련이지요. 그런데 무엇을 지지하는 집회보다는 반대하는 집회가 더 많지 않습니까. 그런데 거의 언제나 사람들 모이게 하는 어느 이해관계는 다른 여러 이해관계에 배치되는 식이지요. 그러나 오늘 우리를 묶어 하나로 모이게 한 것은 이런저런 단체의 사적인 이해관계나 관심사가 아니고, 하느님이 우리에게서 가져가신 관심사, 그래서 우리가 마음 놓고 우리 이해관계며 관심사를 모두 맡긴 것이지요. 우리는 주님을 향하여 섭니다. 주님을 향하여 서기와 주님 앞에 서기를 하면 할수록 우리는 더욱더 서로를 향해 서게 됩니다. 아울러 서로 이해하고 서로 형제자매로 알아보고 인정하며 서로 함께 인간다움을 세우고 그걸 가능하게 하는 힘이 생겨납니다.

Ⅱ

주님과 함께 가기

주님 곁에 그리고 주님과 함께 다 함께 서기에는 처음부터 주님에게 다가가기가 내적 전제가 됩니다. 사람이 애초부터 서로 나란히 함께하는 건 아니니까요. 그러니까 스타치오는 그냥 미리 모여서 서로 행렬(프로세시오 processio)을 이루어 가는 것으로 그만일 수 있었지요. 이게 바로 성체 축일의 두 번째 소명입니다. 우리는 다만 이러한 행렬의 전진으로, 나와서 나아감으로써만 서로에게 다가가고 주님을 향해 갈 수 있습니다. 여기서 우리는 우리 자신의 온갖 선입견과 선 긋기와 폐쇄 같은 것을 버리고 넘어서야만 앞으로 나아가 주님께 다가갈 수 있고 우리가 서로 만날 수 있는 곳에 갈 수 있어요. 이것은 교회 영역에서나 세속의 영역에서나 다 해당합니다. 오늘날 교회 안에서조차-하느님 앞에서 통탄할 일이지만-분열, 적대, 불신이 알려지지요. 행렬, 앞으로 나아감이 다시금 우리가 떠맡아야 할 도전이 되어야 하겠습니다. 우리가 앞으로 나아가고, 주님을 향해 앞서가야 하고, 다 함께 스스로를 주님의 척도에 비추어 맞춰야겠으며, 사람이 되시고 손수 빵이 되시어 우리에게 선물로 주시는 이에 대한 공동의 신앙 속에서 서로 믿고 서로 개방하며 서로를 주님께 맡겨 우리를 인도하시도록 해야 하겠습니다.

고대 로마에서부터 스타치오 미사 봉헌 과정에 포함되었던 행렬인데, 성체 성혈 축일에는 여기에 새로운 차원, 새로운 깊이가 생기는 게 당연하지요. 성체 성혈 축일의 행렬(=성체거동)은 이제 더는 그저 주님 향해 가는 것, 성체 성혈의 축제에 가는 것에 그치지 않고 주님과 함께 가는 것이니까요. 성체 성혈 축일의 행렬은 그 자체가 성체 성혈 잔치의 일부로 (떡과 술이 예수님의 살과 피로 변하는) 성변화 사건의 한 차원입니다. 우리의 빵이 되신 주님께서 바로 길잡이시고, 우리를 이끄시는 우리의 길이십니다.

교회는 이스라엘의 이집트 대탈출 이야기, 사막을 떠돌던 이야기를 이런 식으로 새로 해석했어요. 이스라엘은 사막을 가로질러 이동했지요. 주님이 구름으로 또 빛으로 인도하시기에 이스라엘은 길 없는 곳에서도 길을 찾아낼 수 있습니다. 사람이 빵만으로 사는 게 아니라 하느님의 입에서 나온 말씀 하나하나로 살기에 길 없고 생명 없는 곳에서도 살 수 있어요. 이처럼 이스라엘의 사막 유랑의 이야기에서 모든 인류 역사의 더 없는 깊이를 찾아낼 수 있습니다. 이 이스라엘은 나라를 구했고, 그 나라를 잃고 난 뒤에도 계속 견디어 버텨낼 수 있었지요. 빵만으로 살지 않았고, 말씀 속에서 생명력을 구하였으며, 수 세기에 걸친 길 없고 고향 없는 상태에서도 그 말씀을 지켜 보전한 덕입니다. 그러니 우리 모두를 위해 곧추세운 하나의 징표로서 이스라엘은 영원합니다.

사람은 오직 말씀이시자 빵이신 분의 이끄심을 그대로 따를 때만 길을 찾을 수 있습니다. 주님과 함께 가야만 우리 역사의 굽이와 노정을 버텨낼 수 있습니다. 성체 성혈 대축일은 우리의 전 삶이 무엇이고 이 세상의 전체 역사가 무엇인지 설명하지요. 그건 바로 약속의 땅을 향한 방랑입니다. 그런데 이 방향을 잃지 않고 버텨내려면 오직 빵이자 말씀으로서 우리 중심에 들어선 분과 함께 가는 길밖에 없습니다.

이 세상의 삶 전체와 인류의 역사라는 게 사실 이동이자 움직임, 끊임없는 자기-변화와 지속적인 전진이라는 사실을 오늘날 우리는 옛날보다 더 많이 알지요. 발전이란 말에는 거의 마법과도 같은 울림이 있었어요. 하지만 우리가 가고자 하는 방향이 있을 때 비로소 발전이 의미 있는 개념일 수 있다는 사실도 그사이 알게 됐지요. 무턱댄 움직임, 이동만으로는 발전이 아니잖아요. 나락으로의 급속한 곤두박질이 되는 수도 있고. 그러하기에 발전이어야 한다면 그 척도와 목적이 무엇인지 물어야만 합니다. 아무튼, 그저 물질 생산품의 무턱댄 증대가 발전이 아니란 점은 분명합니다.

성체 성혈 대축일은 이 역사를 설명합니다. 세상을 떠도는 우리의 나그네 길에서 척도는 사람이 되신 분, 성체의 본질이신 분, 우리에게 길을 제시하시는 예수 그리스도 안에 있어요. 물론 그걸로 모든 문제가 다 해결되는 건 아니지요. 하느님께서 행하시는 일의 의미도 아닙니다. 하느님은 스스로 힘을 다하여 찾아내고 싸우라고 우리에게 자유와 힘을 주셨습니다. 그러나 기본척도는 정해졌어요. 그 안에서 우리 길의 척도와 목표를 찾으면, 그때 길과 에움길의 식별을 가능하게 만드는 판단이 생겨요. 그 판단이란 주님과 함께 가는 것이야말로 이 성체 성혈 대축일에 주어진 사명이자 징표라는 겁니다.

Ⅲ

주님 앞에 무릎 꿇기

마침내 주님 앞에 무릎 꿇기, 즉 조배, 흠숭을 살필 차례입니다. 주님께서 몸소 성체 안에 현존하고 계시기에 조배는 그

본질상 늘 미사성제의 전례에 포함돼 있습니다. 이처럼 거대한 축제의 모습으로 발전한 것은 중세에서였지만, 그렇다고 그게 변화라든가 쇠퇴는 아니고 또 다른 무엇도 아닙니다. 다만 언제나 안에 있던 것이 그 모습을 완전히 다 드러낸 것일 뿐이지요. 주님이 당신 스스로를 우리에게 내어주신다면 우리가 받아 모시는 일은 동시에 이루어져야만 하니까요. 그게 바로 주님 앞에 무릎 꿇는 것이요, 주님을 현양하는 일이요, 조배하는 일입니다.

오늘날이라고 해서 주님 앞에 무릎을 꿇는 일, 주님 앞에 순명을 수행하며, 조배하고 현양하는 일이 인간의 존엄과 자유와 그 위대함에 반하는 게 아닙니다. 굳이 조배하지 않으려고 주님을 부인하고 거부한다면, 결국 남는 건 영원한 물질적 필연성일 뿐이지요. 그러면 우리는 정말 말 그대로 부자유해지고 우주의 거대한 맷돌 속에서 이리 쏠리고 저리 쏠리는 먼지 한 톨 신세가 되고 말 뿐입니다. 그러면서 하릴없이 그게 자유라고 눈 가리고 아웅해보려고 하겠지요. 오직 주님이 창조주이셔야만 만물의 근원이 자유이며, 우리가 자유로울 수 있습니다. 주님 앞에서 우리의 자유를 굽힌다고 하여 그 자유를 잃는 게 아닙니다. 그제야 비로소 자유를 제대로 받아들여 궁극적인 것으로 굳히게 됩니다. 그런데 이 성체 성혈 대축일에는 한 가지가 더 있어요. 우리가 흠숭하는 분은 어디 먼 데 계신 권세가 아닙니다. 우리 발을 씻어주시느라 몸소 우리 앞에 무릎을 꿇으셨던 분이거든요. 우리 조배에 해소와 희망과 기쁨을 주는 까닭은 우리가 무릎 꿇어 조배하는 대상은 애초 손수 무릎 꿇으셨던 분이기 때문입니다. 노예로 만드는 게 아니라 변화시켜주는 사랑 안으로 무릎 꿇고 조배하여 들어가기 때문이지요. 그래서 우리는 주님께 간구하고자 합니다. 그러한 깨달음과 기쁨을 우리에게 선사해주소서. 또 성체 성혈 대축일의 빛줄기가 우리 세상과 일상 속에 비치게 해주소서. 아멘

오월의 성모 신심

성찰과 기억

I

색과 음이 있는 신심

대부분의 가톨릭 신자들에게도 그렇겠지만 저한테도 오월의 성모 신심이라는 말이 각양각색의 기억들로 되살아납니다. 앞에 보이는 성당이 봄꽃으로 아름답게 장식되어 향기가 가득합니다. 거기 더하여 촛불에다 온기와 온정과 믿음이 울려 나오는 성가도 있어요. 형식이 엄격하게 정해져 지배하는 게 아니라 다만 음과 색과 강렬한 느낌들을 사랑하는 백성의 소박한 신심이 지배하지요. 봄의 정취가 교회 안으로 묻어 들어갑니다. 자연의 개화, 오월의 훈훈한 밤공기 그리고 갈수록 새로워지는 세상에 사람들의 즐거움, 이 모든 것이 함께 어우러져 춤을 추지요. 성모님 공경이 차지한 자리의 배경은 이처럼 아주 특별한 분위기이죠. 동정 성모 마리아께서는 신앙을 젊음으로 설명하시니까. 백발 성성해진 세상에서 하느님의 새로운 시작으로 말이에요. 그리스도인으로서 젊은 마음, 아름다움, 그리고 오시는 분을 기다리는 마음가짐으로 산다는 것을 체현하는 게 바로 마리아를 공경하는 성모신심입니다.

이 모든 게 센티멘탈, 그러니까 감상일 뿐이라고 사람들이 당연하다는 듯 말할 수도 있어요. 하지만 오늘날 우리 시대가 아파하는 것은 거꾸로 지나치게 감정을 억누르는 탓일지도 모르겠습니다. 슬픔을 느낄 줄 모르는 무능만이 아니라 기뻐할 줄 모르는 무능함에도 아파하는 거지요. 이처럼 감정을 억누르다 보면 정신이 차가워지고 마음이 잔혹해져요. 그러다가는 그리스도교에 이교도적인 요소가 파고든다는 항변도 있어요. 실제로는 자연종교, 곧 처녀라는 이미지로 개괄되는 봄의 숭배를 벌이면서, 그저 마리아라는 이름만 끼워 넣었을 뿐이다. 하지만 그러한 그리스도화는 겉껍데기만의 피상적일 뿐이고, 실제로는 아르테미스(Artemis) 또는 디아나

(Diana)[9]의 숭배에 지나지 않는다. 말하자면 아침 햇살처럼 신선한 처녀의 아름다움에 대한 영원한 숭배는 이름만 바뀔 뿐 본질은 그대로 변함이 없는데, 그게 결국은 어머니인 대지와 그 다산성에 대한 숭배로 거슬러 올라간다는 것이지요.

여기서도 사안의 이면, 정반대 측면을 보아야 할 듯합니다. 마리아에서 대지는 인간적인 면모를 띠지요. 더 나아가 그리스도의 얼굴, 즉 예수 어머니의 얼굴이지요. 마리아로 변하면서 자연 숭배가 신앙으로 바뀌어요. 하느님의 역사와 인간의 만남으로 바뀌는데, 이 만남은 마리아의 삶에서 진정한 결실을 봅니다. 그게 바로 하느님이 사람이 되시는 일이지요. 그래서 마리아에서 신앙과 자연 숭배의 화해가 이루어졌다고 얼마든지 이야기할 수 있어요. 감상주의에 대한 두려움은 진즉 합리주의 콤플렉스로 포장되었는데, 제가 보기에 이교도적인 것에 대한 편협한 걱정과 공포는 저 두려움이나 마찬가지로 우리 신앙에 부담과 위협이 됩니다.

---

9)[역주] 달의 여신이자 사냥의 여신으로 그리스 신화에서는 아르테미스고, 로마 신화에서는 디아나 혹은 야나(Iana)다. 본디는 서로 달랐지만, 로마 사람들이 둘을 같은 신으로 만들었다.

물론 이교도적인 것 중에는 그리스도에 대척하고 무서운 힘에 대한 두려움으로 또는 피조물의 신격화로 인간을 노예화하는 것도 있습니다. 그러나 자연 숭배에도 인간의 참된 본성이 드러나고 창조의 본성에 호응하는 것도 있어요. 이런 종류의 자연종교를 억압하는 것은 그리스도를 기다리는 사람의 마음가짐을 짓밟아 신앙의 인간적 뿌리를 잘라버린다는 뜻입니다.

여기서 뉴만 추기경[10]의 관점을 다시 살펴봐야 하겠습니다. 여러 교부의 관점이기도 했지요. 그리스도교 예배와 이교도 예배, 그리스도교의 사상과 이교도의 사상 사이의 유사성에서 뉴만 추기경은 이교도적인 것에 대한 그리스도교의 의존성 증거를 본 게 아니라, 인류가 그 전체 역사에서 진정 그리스도를 기다려왔고 그리스도를 맞을 준비를 해왔다는 사실을 보여주는 실마리를 보았습니다. 한번은 이런 말을 합니다. "특정 사안들에서 복음이 그에 앞선 종교들과 닮은 점들

10)[역주] St. John Henry Newman(1801-1890). 영국 성공회 신부이자 신학자였으나 가톨릭으로 개종하여 추기경이 되었다. 교황 베네딕토 16세에 의해 2010년 9월 시복되었고, 프란치스코 교황에 의해 2019년 10월 시성되었다. 축일은 10월 9일.

이 있다는 사실은 하느님이 오직 한 분뿐이라는 사실과 그분 밖에 다른 신이 없다는 사실을 입증하는 것일 뿐이다."(Parochial & Plain Sermons V 170 이하)[11].

구약과 신약에서 마리아의 모습은 특별한 방식으로 일치하는 모습을 보입니다. 하지만 자연종교와 신앙을 연결하기도 하지요. 그렇다고 마리아의 공경과 어긋나는 게 아니고 오히려 그 중요한 근거의 하나가 돼요. 그게 바로 주님 어머니의 역사적 의미에 상응하니까요. 교부들의 표현처럼 마리아는 그리스도교의 대지, 즉 그리스도를 낳은 대지인 거지요. 이제 자연종교는 마리아를 통하여 새로운 국면으로, 그리스도로 이어지는 역사로 접어듭니다. 자연종교가 이렇게 세례를 받은 거지요. 자연종교의 진리가 빛을 보기에 이르면서 이제 신앙의 하느님 정원에서 충만한 기쁨을 누릴 수 있게 되었지요. 마리아로 나타나는 영역 속에서 자연종교는 이제 아무 걱정 없이 전개될 수 있게 된 거지요. 주님의 어머니를 바라보면서 완전히 그리스도교적으로 되었잖아요. 이렇게 이교도적인 것

11)[역주] 1868년 출판된 존 헨리 뉴만의 저서.

가운데에는 왜곡하고 더럽히는 탈선과 잘못도 적지 않지만, 그래도 이교도적인 것을 몽땅 그냥 헛것으로 팽개칠 일은 아닙니다. 이제 아르테미스, 디아나, 데바키(Devaki), 콰논(Kwannon) 등 무슨 이름으로 불리든 이교도의 상응한 형상들에 제대로 된 이름이 생겨났고, 그 이름을 통해 정화되었지요. 기다림의 안개가 물러나고 역사의 현실이 들어선 겁니다.

그런데 이교도적인 것에 대한 잘못된 불안은 그리스도교 신앙을 마비시키는데, 감정을 위축시킬 뿐만 아니라 신앙과 자연의 연결 관계마저 끊어버리고 말았습니다. 무엇보다 그러한 잘못된 불안은 특히 그리스도교 구조에서 여성의 자리마저 빼앗았지요. 오늘날 기술 문화의 영역에서 선전되는 해방은 궁극적으로 여성도 남성이 되어야 한다는 외침이에요. 그러나 이는 동등한 권리가 아니라, 오히려 기술의 독점적 재배로 자연과 여성의 동시적 억압을 의미하는–이 둘은 밀접한 관계가 있어요.–문명을 통한 여성의 궁극적 억압입니다. 그런데 저 둘 다 이교도적인 것으로부터 달아나면서 훨씬 더 위험한, 새로운 후기 그리스도교적 이교로 자라버린 그리스도적인 것의 발전 속에 그의 뿌리를 두고 있다는 게 분명하지요.

신앙에서 마땅히 "하느님의 어머니"(=천주의 모친)라 부르는 마리아의 신심은 저러한 축소 또는 협착 현상들에 대한 올바른 대응입니다. 앞서 이야기한 근거들 때문에 마리아의 공경은 건전한 신앙에 매우 중요합니다. 성모성월 기도에서는 저 모든 걸 꼼꼼하게 따지지는 않지요. 그저 신앙의 내적 본능으로서 그냥 나오는 것뿐. 그리고 바로 성모 신심 안에서 자연종교의 지울 수 없는 선물이 그리스도교화 되었기에, 성모 신심 자체에 명랑함과 온화함과 유연한 신뢰에서 나오는 아주 특별한 점이 있어요.

Ⅱ

본질로 이끄는 마리아의 침묵

지금까지는 성모성월의 기도에서 나타나는 성모신심의 모습에 대해 살펴보았습니다. 그러면서 성서의 근거를 전제하였지요. 성서의 근거는 비교적 간접적으로 언급한 편이었어요. 이제 그 근거를 직접 살펴보기로 하겠습니다. 그러면 새로운 관점들을 얻을 수 있어서 지금까지 생각해 본 바를 심화할 수 있겠습니다. 물론 널리 퍼진 생각들에 배치하는 마리아에 대한 성서적 증거는 워낙 많아서 몇 개의 문장에 다 담아낼 수는 없습니다. 앞서 살펴본 점들과 깊게 연관된 것 하나만 가려내서 살피고자 합니다.

잘 알려지다시피 복음서 저자들 가운데 요한 말고는 루카가 마리아 신비의 해석자로 꼽힙니다. 루카는 마리아가 마음속에 말씀을 새기고 간직했다(1,29[12]; 2,19; 2,51)는 말을 세 번이나 언급하면서 그에게 중요했고, 그에 의해 전승에 중요해진 성모상의 중요한 특징을 하나 강조하였어요. 이로써 마리아는 무엇보다 전승의 근원이요 출처로 그려지지요. 말씀이 마리아의 기억 속에 보존되었습니다. 이렇게 마리아는 이 사건의 믿을 만한 증인인 셈이지요. 그러나 기억은 피상적 기록 이상의 것을 요구합니다. 내적 관여가 있어야만 말씀의 수용과 보존이 가능해지거든요. 내가 감동하지 못하는 것이 내 마음에 들어올 리 없잖아요. 그런 것은 기억 일반과 뒤섞여 지워지고 말아서 특별한 면목으로 남지 못해요. 그런데

12)[역주] 우리말 성경 1장 29절은 이러하다. "이 말에 마리아는 몹시 놀랐다. 그리고 이 인사말이 무슨 뜻인가 하고 곰곰이 생각하였다."

무엇보다 이해가 보존과 짝을 이룹니다. 제대로 이해하지 못한 것을 제대로 전할 수 없는 법이잖아요. 이해의 과정에 실제 사실 자체를 받아들이고, 이해는 다시 이해된 것과 어느 정도 내적 동일시로 맞물리지요. 사랑과 맞물리는 셈이에요. 조금만큼도 사랑하지 않는 것을 정말로 이해할 수는 없는 노릇이잖아요. 그러니까 전화번호 외우는 데 필요한 기억 같은 것만 전승에 속하는 게 아니고, 마음의 기억이 필요해요. 마음의 기억에서는 나 자신의 일부를 내주기 마련이지요. 관여와 상대에 대한 충실은 서로 충돌하는 모순이 아니라 서로의 조건이 됩니다.

루카에게 마리아는 이제 교회 기억의 모범이 되지요. 마리아는 각성한 의미가 담긴 일들을 자기 안에 받아들여 마음으로 곰곰이 되짚어 봅니다. 그래서 루카는 이렇게 말해요. "마리아는 말씀들을 앞뒤로 맞춰본다." 또는 "마리아는 말씀을 마음속에 간직하고 곰곰이 되새겼으며"(2,19), "그의 어머니는 이 모든 일을 마음속에 간직하였다."(2,51) 마리아는 신앙의 여러 사건과 말씀을 살면서 꼬리에 꼬리를 물고 이어지는 온갖 경험과 비교하면서 사람들 하나하나의 인간적 깊이에 비로소 눈을 뜨지요. 이런 식으로 개개인의 인간적 깊이가 모여 점차 전체를 이룹니다. 그러면서 신앙에서 시작하여 이해가 되고 그렇게 신앙이 전승될 수 있게 되지요. 이제 신앙은 더 이상 피상적인 말이 아니고 자기 삶의 경험으로 적시고 적셔져요. 사람의 삶 속에 옮겨지고, 그러면 이제 다른 사람의 삶 속에 옮겨질 수 있게 됩니다. 마리아는 이러한 방식으로 교회 사명의 상징이 돼요. 말하자면 말씀의 거처가 되어 시대의 혼돈 속에 말씀을 보호하고 보존하는 것이지요. 마치 거센 비바람에서 안전하게 지키는 것과 같지요. 동시에 마리아는 풍요로운 땅을 찾아 백배의 결실을 낳는 씨앗의 비유에 대한 해석처럼 보이기도 해요. 마리아는 뿌리를 위한 자리라고는 없는 표피의 땅이 아닙니다. 마리아는 모든 걸 죄 쪼아 먹는 피상성의 참새들 놀이터도 아니지요. 새로운 성장을 거두지 못하는 무성한 풍요의 덤불에 의해 웃자란 것도 아닙니다. 마리아는 깊이가 있는 분이십니다. 말씀을 자기 안에 침잠하게 하셔요. 이렇게 풍요한 변형 과정이 이중의 방향에서 이루어져요. 자신의 삶으로 말씀을 적시고 또 적셔서 말씀에 온갖 수액과 에너지를 제공하십니다. 그런데 그러는 가운데 성모님의 삶은 거꾸로 말씀의 의미를 부여하는 에너지의 영향을 깊이 받아 풍요로워지고 깊어져요. 먼저 말씀을 소화하여 자기 것으로 만들 듯합니다. 성모 마리아의 삶 자체가 말씀이 되고 의미가 돼요. 이게 바로 교회 안에서 전승이 일어나는 방식이요, 정신적인 성장 일반과 사람과 인류의 성숙이 이루어지는 방식이지요. 사람과 인류는 오직 그런 방식으로만 깊이와 성숙을 맞이할 수 있습니다. 말하자면, 발전은 오직 이런 방식으로만 일어날 수 있는 거지요.

이로써 우리는 완전히 다른 출발점에서 시작하여 다시 앞에서 다룬 물음들에 도달했습니다. 오늘날 발전이라고 하면 그저 기술적 능력과 국민 총생산의 증대로 알지요. 단순하게 말하자면, 발전이 곧 소유의 확대라고 이해하는 거지요.

가브리엘 마르셀(Gabriel Marcel, 1889~1973)은 존재와 소유를 맞세운 표현('존재와 소유')을 했었는데, 정신분석가 에리히 프롬(Erich Fromm, 1900~1980)은 이를 존재냐 (아니면 or) 소유냐란 식으로 대조를 극단화하였지요('소유냐 존재냐'). 에리히 프롬은 우리가 모든 걸 다 소유로 탈바꿈시키지 않을 수 없는 것이 우리 문명의 병이라고 보았어요. 그런데 어떤 게 소유가 되려면 먼저 죽은 게 되어야만 하지요. 죽은 것만을 소유할 수 있으니까. 그래서 프롬은 소유의 문명인 우리 문화를 가리켜 사체와 죽음을 사랑한다는 사체성애(死體性愛 necrophilia)의 문명이라고 했지요. 지나치게 과격한 말인지는 모르지만, 그래도 무턱댄 소유의 발전은 내적 귀결로 죽음을 향한 발전으로 돌변하고 만다는 건 옳아요. 그렇다면 가파른 발전 속도야말로 무시무시한 일이지요. 존재의 발전이 따라가지 못하는 소유의 발전은 치명적입니다. 그런데 존재의 발전은 오직 내면을 향한 깊이의 심화를 통해, 관상(觀想; Kontemplation)을 통해서만 얻을 수 있어요. 여기서 관상에서 우리는 의미에 우리 자신을 개방하고, 의미를 우리 것으로 만들며 우리 자신을 의미로 만듦으로써 스스로 의미에 충만해지지요. 관상 없는 문명은 장기적으로 지속할 수 없습니다.

관상이 없으면 교회는 지속 가능할 수 없다는 말이 되지요. 그런데 서구 그리스도교는 활동주의적이고 남성화 일변도를 띠는데, 여기서 관상은 갈수록 경시되는 추세입니다. 관상의 결손은 마리아적인 것의 결여와 대체로 동일해요. 우리는 무엇보다 행위와 업적을 내세워 그리스도교를 정당화하려고 했어요. 그러나 존재가 유린되면 행동은 금방 비행이 되고 말지요.

우리의 신학에서도 관상의 깊이 결핍이 끔찍할 정도로 드러나요. 신학은 전체로 보아 안티오키아의 이냐시오(Ignatius of Antiochia, 35?~108)가 한 다음 말씀과 동떨어진 상태에요. "예수님 말씀을 진정 간직한 사람이라면 예수님의 고요도 알아들을 수 있습니다. 그리하여 […] 예수님 말씀을 통해 행동하고 예수님의 침묵을 통해 깨닫게 되지요."(Eph 15.2f.) 신학이 예수의 침묵을 더 이상 알아들을 줄 모르는 곳에서는 예수님 말씀의 깊이도 점점 덜 깨닫게 돼요. 신학이 기술에 과도하게 치우친 방법을 쓰면 말씀을 죽은 소유물처럼 다루고 싶은 유혹에 빠지지요. 그러면 살아계신 주님의 말씀을 듣기란 참으로 어렵습니다.

이처럼 교회에서 마리아적인 것이 갈수록 사라지는 현실에 직면하여 없어서는 안 될 마리아적인 것의 기능이 다시금 뚜렷해져요. 바로 교회가 고요의 공간, 침잠과 침묵의 장소이어야 한다는 것이지요. 교회는 마음의 기억으로 살아요. 마음의 기억은 사물을 내면으로 파고들게 하며 거기서 이해로 이끕니다. 그래야만 인간의 참된 발전이 가능해져요. 소유의 발전만이 아니라 존재 깊이의 발전을 동반하는 발전 말이지요. 무턱대고 자꾸 생산하고 측정 가능한 성공을 내려고 하지 않는 게 마리아의 침묵, 멈춤입니다. 바로 이 침묵과 멈춤을 통해서만 교회는 사람에 덕이 될 수 있어요. 이런 방식이라야 교회는 하느님 말씀, 곧 의미를 세상에 파고들게 합니다. 이 의미가 없다면 우리의 소유는 전부 죽음을 부르는 짐덩이가 되고 말 겁니다.

휴가철 명상

I

우리가 찾아 나서는 것

우리 현대 문명에 기이한 현상이 많지만, 유목민적 요소의 재현이야말로 그중의 하나입니다. 주말만 되면 도시를 탈출하는 자동차 행렬이 꼬리에 꼬리를 물고 이어지며 도로는 꽉 막혀버리고 주일 저녁이면 다시 움직일 기미조차 보이지 않는 도로에서 자동차 행렬은 출발했던 지점을 향합니다. 휴가철이 되면 차량의 물결은 더욱 불어나 민족의 대이동으로 출렁입니다. 그럴 때면 마치 국민 전체가 여행길에 오르는 것 같아요. 고도로 발달한 소위 선진국들에서는 도로가 사람들이 가장 자주 머무는 체류 장소가 되어버리고, 도로를 위해 끊임없이 쏟아 붓는 투자야말로 사람들의 영적 상태를 나타내는 표현이지요. 이런 영적 상태로 사람들은 불안한 방랑자가 되고 맙니다. 이런 물음이 나옵니다. 저와 같은 행태의 원인이 무얼까?

사람들은 아무래도 살아가는 집에서는 따뜻한 가정의 아늑함을 제대로 느끼지 못하나 봐요. 그러니까 할 수만 있으면 당장 그리고 가능하면 자주 집을 떠나지요. 이들에게는 집이 머물고 싶은 안식처라기보다는 오히려 일상의 감옥을 나타내는 듯해요. 그래서 아무래도 이렇게 말할 수도 있을 듯합니다. 교통수단을 이용한 탈출에는 노동세계의 속박에 대한 반항과 자유와 멀고 확 트인 공간, 창조적이고 자유롭게 저 자신이 되는 걸 가능하게 해줄 전혀 다른 무엇을 향한 갈망이 담겼다고. 그렇다고 본다면 때마다 되풀이되는 산업사회의 이러한 민족대이동에는 인간과 인간 본성에 관한 무언가 아주 심오한 것이 드러나요. 사람은 자기 소유 안에서는 제대로 아늑하고 편안해질 수가 없어요. 무언지 모를 불안에 내몰려 언제나 더 큰 것, 더 많은 걸 갈망하지요. 자유를 추구하지만, 이 자유는 온갖 시민적 자유와 그 충족을 벗어납니다.

여기서 성경 말씀 진리의 기운 같은 게 느껴지지 않으시나요? 성경 말씀에 사람을 가리켜 이 세상의 나그네라며 이 세상에서 아늑한 가정의 편안함은 찾을 수 없다고 하잖아요. 아우구스티누스가가 이야기한 저 마음의 불안 같은 게 보이지 않으시나요? 아우구스티누스는 그 자신이 불안하게 추구하며 헤매는 존재, 쉼 없이 떠돌기만 하는 사람으로 느꼈어요. 그러다 마침내 왜 늘 부족하게만 느껴지는지 깨닫지요. 오늘날의 유목민에게는 자동차(Auto란 말이 그리스어 "저절로, 스스로"란 말에서 온 거지요.)가 저절로 시중을 드는 것으로, 자유의 상징처럼 보이는 모양이에요. 그래서 그 합목적성을 떠나서 자동차 없이는 살 수가 없는 거겠고. 그런데 자동차가 사람에게 그 사람 본연의 모습과 자유를 주나요? 아니면 다시금 공허하게 쳇바퀴처럼 돌아올 교통체증 속으로 억지로 떠밀어 넣나요?

이처럼 우리의 휴가 습성들을 따져보면 우리 자신에 관하여 한번 근본적으로 깊이 사색하고 평소 습관처럼 해오던 것보다 더 위대한 무엇인가를 찾아가는 여정에 나설 계기가 될 수도 있겠습니다. 일상의 답답함에서 벗어나는 것, 그거야말로 사람에게 정말로 어울리는 여행이 아닐까요? 영원을 찾고 추구하는 길을 나서는 것, 하느님 모습을 추구하고 또 그렇게 이 세상의 모든 한계를 넘어서는 일 말이지요. 거기서부터 비로소 우리는 자유와 가정의 아늑함을 동시에 얻을 수 있는 것은 아닐까요?

Ⅱ
진정한 삶의 추구

지난 세기 북아프리카에 땅속 깊이 파묻혔던 로마 세계를 발굴하다가 알제리의 팀가드(Timgad) 장터에서 2세기 또는 3세기의 비석이 하나 발견됐습니다. 비석에는 사냥, 목욕, 놀이, 웃음이란 말이 새겨있는데, 그게 바로 삶이요 생활이지요. 해마다 남쪽을 향해 가는 휴가객의 물결이 도도히 흐를 때마다 이 비석이 떠오르곤 해요. 먼 훗날 여가 관련 기업들의 광고들을 캐어내게 되면, 거기서도 그 비슷한 모습을 발견하겠지요. 사람들은 대부분 사무실과 공장 또는 다른 일터에서 보내는 세월은 삶이 아니라고 여기는 게 아닌가 싶어요. 휴가철이 되면 우리는 마침내 자유로워지기 위해, 마침내 살아보기 위해 떠나지요. 목욕, 놀이, 웃음-그게 바로 삶이라고. 이러한 약속이 눈앞에 남쪽을 향하는 자동차의 정체 행렬에 끼이도록 사람들을 설득합니다. 그래도 거기서 삶을 찾을 수만 있다면야 이런 인내력 테스트도 보람이 있겠지요.

긴장해소와 자유에 대한 이런 희망과 일상의 구속을 벗어난다는 희망은 더없이 인간적이지요. 기술세계의 일터에서 바쁘게 살아가다 보면 저런 숨 돌릴 짬이 필요한 것은 어쩔 수 없는 노릇이잖아요. 하지만 이를 전제하더라도 함께 인정하지 않으면 안 될 게 있습니다. 어느샌가 자유, 여가의 자유가 우리의 문젯거리가 되었다는 점이지요. 입증된 바에 의하면 대부분의 자살은 토요일과 일요일, 그러니까 여가 중에 일어납니다. 자동화의 노동세계에서 벗어나서 불현듯 도무지 살 수가 없다는 생각에 휩싸이는 거지요. 목욕, 놀이, 웃음, 이런 게 결국에는 삶이 아니란 걸 확인하는 거예요. 살기 위한 여가가 많으면 많을수록 삶이 무엇인지 우리가 모르고 있다는 사실이 드러나요. 여가, 곧 휴가를 어떻게 보내야 하느냐의 문제는 이제 그 자체로 학문으로 자리 잡기 시작합니다.

이와 관련해서 토마스 아퀴나스가 슬픔을 이겨내는 수단에 관한 자체 논문을 썼던 사실이 떠올랐습니다. 토마스는 구약 성경의 지혜서에 나오는 문장에서 출발해요. 지혜가 많으면 걱정도 많고 지식을 늘리면 슬픔도 는다(코헬렛 1,18).[13] 과학과 학문의 발달에서 슬픔에 대한 구원의 수단을 찾아왔던 우리 기술 지향적 문명 세계에서 제법 분명하게 드러나잖아요. 그러면 토마스는 어떤 수단을 권할까요? 현실을 직시하고 실사구시의 자세인 토마스도 목욕과 잠과 기분전환의 휴식을 그 수단으로 권해요. 그 이유로 말하기를, 목욕과 잠이 다시 활기찬 활동을 위한 올바른 상태로 되돌려주고 어디든 신체 상태가 좋으면 정신적 활동이든 육체적 활동이든 그 중심인 심장에 좋은 영향을 준다는 거예요.

토마스는 팀가드 비석에 새겨진 말이며 우리 휴가광고에 있는 것보다 한술 더 뜨지요. 다만 그런 그도 그게 "삶"이라고, 잃어버린 삶을 찾는 여정에서 목욕과 놀이와 웃음과 잠으로 목표에 다다랐다는 말은 하지 않으리라고 봅니다. 그는,

---

13)[역주] 원문에는 지혜서로 나오지만, 굿뉴스 성경 구분에서는 '코헬렛'에 담긴 대목이며, 성서에는 '근심'이라 나오는데, 이 책 원문은 슬픔(Trauer)이다.

우리의 불만, 모자람의 원인이 고독인데, 이 고독을 깨주는 게 벗들과 함께 있는 것이고, 그게 슬픔을 다스리는 데 도움이 된다고 덧붙입니다. 그것만 해도 쉽지 않지요. 그러니까 여가는 무엇보다 사람을 위해 사람이 자유로운 시간이어야 한다는 말씀입니다.

그러나 토마스에 따르면 궁극적으로 진리의 탐색, 곧 하느님과 함께하기, 명상은 슬픔을 다스리는 빼놓을 수 없는 수단입니다. 사람은 이 명상 속에서 진정한 삶에 닿거든요. 그런 명상을 휴가 계획에서 빼버리면 여가라는 자유시간도 부자유의 시간으로 남고 말아요. 그러고서는 잃어버린 삶을 찾아가는 여정에서 그걸 찾지 못하고 말 게 확실하지요. 하느님을 찾는 여정이야말로 사람이 찾을 수 있는 가장 흥미진진한 등반 여행이요, 가장 활기를 채워주는 목욕이거든요. 목욕, 놀이, 잠—이 모든 게 다 휴가에 포함되지요. 그러면 여러분의 휴가에서 햇볕 많이 쬐시고 많이 쉬시기를 바랍니다. 그래도 토마스 아퀴나스의 말을 빌려 여러분에게 당부하고 싶습니다. 여러분의 휴가 계획에 하느님과의 만남도 포함하시라고 말이에요. 우리의 아름다운 성당과 하느님의 아름다운 세상이 여러분을 거기 초대합니다. 무엇보다 기쁨 충만하시기를 바라고 그 결실로 얻은 원기회복의 힘이 휴가철 지나고도 한 해의 일상에서 계속 효력을 발휘하기를 바랍니다.

Ⅲ

쉼의 역할

가톨릭 전례 주년의 새 미사 독서 목록에서는 17번째 주일(=연중 17주일, 전례력 나해)에 선정한 복음서를 보면 예수님의 사도들부터도 이미 스트레스와 기분전환(회복)의 문제에 봉착했다는 걸 알 수 있어요(마르 6, 30-34). 사도들이 첫 번째 파견에서 귀환했는데, 그간 겪고 달성한 일들로 마음이 분주했지요. 그런데도 그들이 거둔 성공에 관한 이야기를 그칠 수가 없고 주변에 벌어진 일로 밥 먹을 시간조차 낼 수 없던 지경이었어요. 사람들 왕래가 끊임없이 이어졌으니까. 어쩌면 자기들이 열심히 일한 것으로 칭찬을 기대했을지도 모르지만, 예수님은 그 대신에 어디 외딴곳에 가서 좀 쉬라고 권하세요.

저런 사건에서 늘 장엄하니 크나큰 말씀만 하시는 게 아니고 또 닥친 일을 모두 다 처리하려고 다그치기만 하시는 게 아닌 예수님의 인간미를 볼 수 있어서 좋다고 봅니다. 이 말씀을 하시는 예수님의 얼굴을 말 그대로 눈앞에 떠올려 볼 수 있습니다. 사도들이 중요해서 또 열심히 하느라고 끼니마저 걸러 가며 정신없이 일에 매달리느라 애쓰는 중이지요. 그러자 예수님은 그들을 그들이 만든 구름 밖으로 데리고 나오시며 말씀하세요. 자 우선 좀 푹들 쉬어라! 그런 제자들을 다시 현실의 기반에 세우시는 예수님의 두드러지지 않은 은은한 유머, 상냥한 아이러니가 느껴지지요. 예수님의 바로 저런 인간미에서 예수님의 거룩함이 드러나요. 얼마나 하느님 같으신지가 보이는 거지요. 정신없이 바쁜 것은 종류를 가릴 것 없이, 그러니까 종교적으로 정신없이 바쁜 것도 신약의 인간상에는 낯선 것입니다. 우리가 없어서는 안 된다고 생각할 때마다, 세상이나 교회가 우리가 쉼 없이 일하는 것에 달려있다고 말할 때마다 우리는 자신을 과대평가하는 거예요. 멈출 수 있는 것, 우리 한계를 인정하고 받아들이는 것, 한숨 내쉬고 피조물인 인간을 위해 마련해 둔 쉼을 누리는 여유를 갖는 것, 그것이 제대로 된 겸손과 순종의 행위요 피조물다운 성실의 행위일 때가 많아요. 게으름을 찬양할 마음은 없지만, 그래도 서구에서 개발한 덕목 목록을 좀 고치자는 데에는 찬성입니다. 이 덕목의 목록에는 오직 일하는 것만 납득할 수 있는 태도이고, 바라보고 놀라고 평정하고 차분한 것은 납득할 수 없거나 적어도 어딘가 미안해해야 마땅한 것으로 보이지요. 그런데 그럼으로써 사람의 근본을 이루는 힘들이 제대로 자라지 못하고 약해집니다.

사정이 그렇다는 것은 우리 여가 산업에서 그대로 드러납니다. 여가란 게 그저 무대만 바뀌는 걸 의미할 때가 많지요. 새로 군중 속으로 들어가고 분주하게 오고 가는 일상으로 돌아가지 않으면 제대로 마음이 편하지 않다는 사람들이 많아요. 끊임없이 자기 스스로 만들어낸 인공의 세계에서 살아가는 우리는 저 모든 것에서 벗어나 있는 그대로의 창조와 만나려고 하는 게 필요한지도 모르겠습니다.

이와 관련하여 특별한 사건 하나를 언급할까 해요. 교황 요한 바오로 2세가 바오로 6세를 위한 피정강론에서 언급하신 작은 사건입니다. 교황님은 거기서 "아주 탁월한 연구가

이며 고귀한 인품을 지닌” 어느 자연과학자와의 대화를 말씀하십니다. 자연과학자가 교황께 말해요. “저의 학문의 관점에서 보자면 저는 무신론자입니다[…].” 그러나 “자연과 산의 장엄함 앞에 설 때마다 그분이 존재한다는 게 느껴집니다.”[14)]

한 번 더 말씀드리지요. 자기 스스로 만들어낸 인공의 세계에서는 하느님이 존재하시질 않아요. 그럴수록 그분을 만나고 우리 자신을 되찾을 수 있게끔 우리의 분주한 활동에서 벗어나 창조의 숨결을 찾을 필요성이 더 절실해지지요.

14)[원주] K. Wojtyla, Zeichen des Widerspruchs(Freiburg i. Br. 1979), 22.

기 타

I

놀이와 삶

4년마다 때맞춰 열리는 월드컵 축구경기는 수억 명의 사람들 마음을 사로잡는 사건으로 자리를 잡았습니다. 지구상에 이처럼 광범위하게 영향을 미칠 수 있는 사건은 달리 없다시피 하지요. 그걸 보면 축구에는 어딘가 인간의 원초적인 무엇인가가 작용하는 게 분명하다 싶습니다. 그러면 경기, 놀이의 이 힘이란 것은 어디에 근거하는 것인가 하는 물음이 제기되지요.

염세주의자의 말에는 이게 고대 로마에 있던 것과 똑같다고 해요. 군중이 떼 지어 외친 소리가 빵과 서커스(panem et circenses)였다지요. 그러니까 더 높은 목적을 알지 못하는 타락한 퇴폐 사회의 삶의 내용이란 게 빵과 놀이였다는 거예요. 하지만 이 정보를 받아들인다고 하더라도 그것으로 충분하지는 않지요.

다시 한 번 물음을 던져야만 하겠어요. 중요성 면에서 빵과 똑같은 놀이의 매력은 어디에 있는 것일까? 이 물음에 대해 다시금 로마를 살피면서 대답을 찾아볼 수 있겠습니다. 빵과 놀이를 외치는 함성은 따지고 보면 낙원의 생활, 그러니까 힘들이지 않고 배부르며 자유로 가득한 삶에 대한 요구를 나타내는 표현이라는 거지요. 놀이에서 궁극적으로 의도하는 게 그렇잖아요. 목적도 강요도 없이 완전 자유로운 행동. 그러면서도 사람의 힘이란 힘을 다 쏟아 붓게 하지요.

따라서 이런 의미에서 놀이란 일종의 낙원 귀향 시도일지도 모르겠습니다. 그러니까 노예처럼 만드는 일상의 진지함과 생활을 돌보는 관리에서 벗어나 꼭 있어야만 하는 건 아니고 그래서 멋진 것인 자유로운 진지함에 들어가기. 그러므로 놀이는 어떤 점에서 보자면 일상생활을 벗어나요. 그런데 또 다른 성격도 있는데 특히 아이에게 그렇지요. 바로 삶을 배워 익히는 것입니다. 인생 자체를 상징하며 이른바 자유롭게 설정한 방식으로 삶을 미리 맛보는 것입니다.

축구의 매력은 본질적으로 저 두 가지 측면을 납득할 만한 형식으로 결합하는 데 있는 게 아닐까 싶어요. 축구는 먼저 사람이 스스로 훈련하게 만들어요. 트레이닝을 통해 자기 몸을 마음대로 제어할 수 있게 하지요. 그렇게 몸을 마음대로 움직일 수 있으면서 상대적 우위를 점하고, 이 우위를 통해 자유를 확보해요. 다음으로 축구는 무엇보다 규율 잡힌 함께하기, 즉 단체행동, 팀플레이를 가르치죠. 팀플레이로서 축구는 개개인의 플레이어를 전체에 적응시켜요. 공동의 목표를 통해 사람들을 결합하는 거지요. 플레이어 개개인의 성공과 실패는 전체인 팀의 성공과 실패 속에 있어요. 끝으로 축구는 대결에서 페어플레이를 가르칩니다. 대결에서 누구나 따라야 하는 공통의 규칙으로 게임이 통합되고 조화를 이루지요. 그밖에 이런 것들이 제대로 작동하면 놀이적인 것, 게임적인 것의 자유가 대결게임의 진지함을 해소하여 완결된 게임의 자유가 돼요. 사람들은 축구를 보면서 그 게임과 또 선수들과 동일시해요. 그렇게 서로 한 팀이 되고 적이 되지요.

축구의 진지함과 자유로움에 함께 참여하는 거지요. 선수들은 자기 인생의 상징이 되고, 다시 거꾸로 작용하기도 하지요. 그래서 선수들은 자기 속에서 사람들이 자기 자신들을 표현하고 또 자신들이 옳았다는 걸 확인한다는 걸 알아요.

당연한 말이지만 장삿속으로 이 모든 게 부패해버릴 수도 있습니다. 장삿속에서는 전체가 돈의 논리라는 섬뜩한 진지함에 굴복하여, 축구경기는 놀이가 아니라 어마어마한 규모의 환상세계를 낳는 산업으로 변질해요. 그러나 놀이의 근간이 되는 긍정적 근거, 곧 인생 앞서 배워 익히기와 잃어버린 낙원을 향하는 생활세계, 삶의 초월 없이는 이 환상세계조차도 지탱할 수 없어요. 이 둘 모두에서 중요한 것은 자유의 규칙을 모색하는 일입니다. 규칙의 의무에 매일 때 팀플레이와 대결과 스스로의 실력 발휘가 가능하거든요. 이렇게 생각하면서 어쩌면 놀이와 경기에서 정말 인생을 새로 배워낼 수 있을지도 모르겠습니다. 놀이 안에서 근본적인 것이 드러나거든요. 그러니까 사람이 빵만으로 사는 게 아니라는 거요. 그렇죠. 궁극적으로 빵의 세계는 진정 인간적인 것의 전 단계일 뿐이지요. 그러나 자유는 규칙으로 살고 훈련으로 살아요. 훈련은 팀플레이와 대결에서 페어플레이, 외적 성공과 제멋대로 구는 방종에서 벗어나기를 익히게 하여 참다운 자유를 얻게 합니다. 깊이 들어가면 놀이, 경기는 인생이지요. 그러면 축구에 열광하는 세상의 이 현상에서 단순한 오락 이상의 더 많은 것을 얻을 수도 있습니다.

Ⅱ
열린 교회와 닫힌 교회

몇 해 전에 알프스 주변의 여러 성당에서 볼 수 있던 플래카드의 내용은 오늘날에도 곰곰 생각해볼 만한 것이었습니다. 오래된 프라우엔킴제(Frauenchiemsee) 대성당의 우람한 정문의 양쪽 문고리 위에는 사자머리가 붙어 있는데, 마치 성소 입구를 지키는 파수꾼처럼 보이지요. 그림에서 이 정문은 반쯤 열린 상태입니다. 사자들은 깨어있지만, 성당의 정신과 조화를 이룬 사람이 들어서는 걸 가로막지는 않아요. 사진에서 교회는 이렇게 하여 열린 상태면서 동시에 보호를 받습니다. 성당을 지켜주면서 동시에 열어 개방하는 사자는 성스러운 것에 대한 모두의 외경이지요. 이 외경은 내면에서 그러니까 마음에서부터 보호하는 것이기에 빗장보다도 값집니다.

저런 보호를 받으며 우리 성당들은 수백 년을 열려있으면서도 아무도 그 안에 늘 누구나 볼 수 있게 전시된 값진 귀중품들을 걱정할 필요가 없었지요. 오늘날 거리축제 문화에서 성당을 공개하고 극장이며 연주회 티켓을 살 형편이 되지 못하거나 그럴 마음이 없는 사람들도 들어올 수 있게 하려고 하지요. 모두에게 열린 공적 문화의 가장 아름다운 형식이라면 우리 성당이 개방되던 시기까지였어요.

지난 19세기 말엽 현대예술의 개척자 중 한 사람으로 자기 그림을 미술관(박물관)이 아니라 역에 전시하려고 했던 사람이 있었는데, 그가 잊고 있던 게 있었어요. 서양에 이런 식의 프롤레타리아 혁명이 필요하지 않다는 사실이지요. 성당에는 이미 오래전부터 훨씬 더 고차원한 방식으로 모두를 위한 아름다움의 집이 있었으니까. 거기서는 예술이 소수의 특권이 아니고 지난 과거의 표현이 아니라 살아있는 현재, 삶을 공유하는 생활의 중심으로 모두를 위하고 그들의 일상을 조명하였어요. 오늘날 우리는 이런 것이 사라지고, 그 상실이 결국은 영혼의 타락을 나타내는 징후가 될 위험에 처한 게 어찌 보면 당연합니다. 영혼의 타락은 끝내는 문화에서 야만으로의 추락에 해당하지요. 오늘날 닫힌 교회 문 앞에 멈춰 선 나그네들이 갈수록 늘어나죠. 상징적인 사자로는 더 이상 충분하지가 않은 거지요. 빗장이 생겨나고요. 지난 여러 해에 걸쳐 교회 안에서 벌어지는 예술품의 도난이 점점 더 시스템화하고 말았어요. 사람들이 찾는 작품들을 조달하는 전문가들의 골동품 카탈로그를 이용한 도난사건이 드물지 않습니다. 일찍이 모두의 것이었던 것이 사적인 장식품이 되고 맙니다. 신성했던 것이 자기 예찬의 부속물이 되고, 현재였던 것이 지나간 문화를 가지고 노는 장난, 유희가 되어버리고.

공동의 것을 보호해야 할 교회 문을 닫는 것은 그에 대한 해답, 우리가 안심할 수 있는 대안이 아니지요. 그거야말로 저런 파괴적인 망상 앞에 무릎 꿇는 의미가 될 테니까. 그것은 교회가 더 이상 전에 지녔던 본질의 모습을 지니는 걸 그만둔다는 뜻입니다. 우리 모두 공동생활의 신성한 중심을 잃는다는 뜻이고요. 저 신성한 중심에서는 모두가 서로 마음 열고 개방되었고, 하느님과 성인들의 세상이 서로 열려 있었습니다. 또 교회가 이 시대의 법, 그러니까 모든 게 시장에 맡겨지고, 남은 것은 오직 시장뿐이며 우리 스스로도 끝내는 시장에 내맡겨지고 마는 상황에 무릎 꿇고 항복한다는 뜻이지요. 그래서 위에서 말한 플래카드에는 이런 모습이 말로 옮겨졌는데, 이런 호소입니다. 우리 교회가 고요한 기도의 장소로 열려있도록 도와주세요.

라인홀트 슈나이더(Reinhold Schneider, 1903-1958)는 제2차 세계대전의 암울한 시간에 이러한 문구를 남겼습니다. "기도하는 자만이 우리 머리를 노리는 검을 그나마 멈추게 할 수 있다!" 이 말이야말로 말 그대로 여기에 그대로 적용할 수 있습니다. 기도하는 사람들이 있다는 것만이 교회를 안으로부터 보호할 수 있거든요. 그래야만 열린 교회를 지탱할 수 있습니다. 그런 교회 안의 교회 건물의 운명이란 게 살아있는 교회의 운명을 위한 거잖아요. 걸어 잠근 교회 건물은 더는 안으로부터 열려있을 수 있는 교회의 표현이 아닙니다. 시대의 망령에 상대가 되지 못하고 마니까. 그런 점에서 중요한 것은 그리스도인들의 특수한 사정이 아니라 우리 모두를 위한 참다운, 인간적인 함께 하기, 더불어 살기의 가능성이지요. 영혼의 문화가 문화의 영혼이라는 파울하버(Michael von Faulhaber, 1869~1952) 추기경의 말씀이 그야말로 손에 잡힐 듯 다가옵니다. 닫힌 교회와 약탈당한 교회는 너무 늦기 전에 영혼의 문화로 돌아가야 한다는 경고 신호로 삼아야 하겠습니다.

Ⅲ
평 화

지난 여러 해에 걸쳐 평화란 말이 전투구호가 되어 우리 사회의 정치와 도덕 논쟁의 핵심으로 자리 잡고 말았습니다. 그렇게 불거진 장면을 바라보면 소스라치지 않을 수 없습니다. 평화를 둘러싼 다툼이 인신과 사물을 향한 폭력과 결부되는 일이 드물지 않았거든요. 외적 평화를 외치는 구호로 말미암아 내적 평화가 풍비박산하고 마는 거지요.

이런 사건들을 보면서 점점 더 절실해지고 다급해지는 로마 전례의 다음 기도가 떠오르곤 합니다. "주여, 지난 것이든, 현재의 것이든 아니면 미래의 것이든 모든 악으로부터 우리를 구해주소서. 그리고 우리 나날에 평화를 주소서." 이 문장들은 우리를 악에서 구하소서라는 주기도문의 마지막 기도에 이어져요. 예수님 의도에 비추어 보자면 주님의 기도에서 전체 비중은 처음 나오는, 아버지 나라가 오시게 해달라는 부탁에 있습니다. 그러나 머지않아 사람들에게 이 부탁은 너무 높고 너무 멀었어요. 사람들의 경험에 따라 저 무게중심이 저절로 옮겨졌지요. 사람들의 부탁은 마지막에 나오는 것이 되는데, 그 의미가 단지 "우리를 악에서 구하소서."가 아니라 더 포괄적으로 "우리를 모든 화, 불행에서 구하소서"가 됩니다. 그것도 특히 과거의 짐, 현재의 무게, 미래의 심상치 않음 같은 화 말이지요. 주님 기도의 끝은 인간적인 모든 고통으로 구원과 개선을 바라는 외침이 돼요. 이런 무게 중심의 이동이 그리스도인의 마음가짐을 얼마나 좌우하는지는 로마 전례와 또 그밖에 다양한 다른 전례에 바로 이 부탁이 담겨 발전하며 마침내는 전혀 새로운 기도로 확장되는 데에서 알 수 있어요. 그 마지막 모습은 그레고리우스 대교황께서 로마 미사전서에서 부여하신 게 아닐까 싶어요. 평화를 바라는 외침도 함께 넣고 그래서 온갖 불행으로부터의 구원을 바라는 청은 평화를 바라는 요청으로 해석되었지요. 이면에는 저 불안하기 그지없는 시대가 보여요. 이 교황에겐 그 시대를 다스릴 책임이 있었습니다. 로마는 아무 힘 없는 지방 도시 하나로 전락했는데, 민족대이동에 따른 수 없는 전쟁의 공포에 시달려야 했고, 그들의 공포 속에서 평화의 상실은 모든 화, 불행의 화신이자 총체였어요.

우리 형편이 그레고리우스 교황 시대의 형편과 갈수록 비슷해지는 마당이니 이 기도가 그렇게 다시 절실하니 시류에 어울리게 됐지요. 이렇게 이해하고 보면 주님의 기도 마지막 청이야말로 아주 특별한 의미에서 새삼 우리의 청인 셈입니다. 그러나 이 청을 말할 때마다, 예수님 생각에 따르자면, 사실 첫째와 둘째 청의 변화를 나타내는 것일 뿐이라는 사실에 생각이 미쳐야 합니다. 그러니까 이 세상이 평화 상실이라는 악에서 구원되는 것은 하느님 나라가 되는 정도, 다시 말해 하느님의 다스리심에 맡기는 정도, 하느님의 척도에 따른 정도에 따라 결정되는 거지요. 예수님께 하느님을 믿지 못하고 신앙에서 살지 못하는 무능이야말로 모든 화 중에서도 으뜸의 화입니다. 인간 존엄성의 경시, 사람들 사이의 신뢰 파괴,

폭력, 이기주의의 팽배, 평화의 상실 등 다른 모든 화가 거기서 비롯합니다. 사람들 사이에서 하느님이 의미가 없는 한 지상의 평화는 지탱하지 못합니다. 그래서 그리스도교에서 평화를 위해 하는 일은 무엇보다 온갖 가치의 서열, 악과 불행의 서열을 분명하게 하는 데에 있습니다. 평화를 위한 그리스도인의 노력은 평화를 누리고 지킬 능력을 기르도록 하는 사람 교육이어야만 하지요. 그래서 하느님 나라에 다가가는 교육이어야 하고 당신의 이름이 거룩히 여김을 받도록 하는 교육이어야 합니다. 그런 것 없이는 하느님 모습을 거룩하게 하고 사람의 모습을 신성하게 하는 것도 가능하지 않습니다. 평화를 위해 그리스도교에서 하는 일은 그 목적을 위해서라도 특히 하느님을 믿지 않는 불경과 신앙파괴라는 화부터 대처해야 하지요. 오직 하느님의 나라만이 전쟁과 폭력에 대한 강력한 반대니까. 하느님 나라가 가까워지는 곳에서만 평화가 자라나고 지탱할 수 있어요. 그리스도교의 평화사업에 이 기도 역시 없어서는 안 되지요. "우리를 악에서 구원하소서. 우리를 온갖 불행에서 구하시고 우리 나날에 평화를 주소서."

Ⅳ

하느님 창조의 보호

가톨릭교회의 성인 축일력에 나오는 이름 가운데 아씨시의 프란치스코는 입지가 그야말로 탁월합니다. 그리스도인과 비그리스도인, 믿는 이와 믿지 않는 이 모두가 이 사람을 사랑합니다. 이 사람에게서는 늘 크고 환한 웃음이 흘러넘칩니다. 심지어 그를 한사코 비인격적으로 조명하는 온갖 반명제를 마주하고도 평화의 물결이 흘러나옵니다. 물론 세대마다 선한 사람에 대한 나름의 꿈을 프란치스코에게서 읽어냈습니다. 프란치스코는 종파 간의 논쟁에 넌더리가 나자 역사의 무거운 짐을 뒤로하고 다시 성서적 예수님에게만 몰두하며 종파를 초월하는 그리스도교의 대리자가 되었습니다. 훗날에는 새들의 친구가 되고 자연을 탐닉하는 자연 찬미자로 받아들이기도 하였습니다.

오늘날 프란치스코에 대한 새로운 조명은 산업사회를 사는 사람들 의식을 투명하게 각인하는 두 가지 사건과 관련됩니다. 하나는 기술 발전의 예측할 수 없는 결과에 대한 불안이고, 다른 하나는 번영을 구가하는 세상에서 아직도 굶주리는 사람들을 대하며 스멀스멀 기어 나오는 양심의 가책입니다. 프란치스코의 매력은 소유에 대한 집착을 거부하는 것, 그리고 새들과 물고기와 불과 물을 비롯한 지구, 곧 하느님의 창조를 꾸밈없이 사랑하는 것입니다. 그래서 환경보호의 수호성인이요 생산과 성장에만 집착하는 이데올로기를 거스르는 저항의 안내자이며 소박한 삶의 심판자로 떠오릅니다.

프란치스코의 이런 온갖 모습에는 진실이 담겼습니다. 인간존재의 신경을 건드리는 문제점은 어디서나 불거지기 마련입니다. 그렇지만 프란치스코를 제대로 살펴보면 우리의 온갖 입장이 그대로 보입니다. 그가 단순히 우리를 증언하는 것은 아닙니다. 우리가 기꺼이 인정하여 받아들이려 하면, 그는 더 많은 것을 요구하면서 동시에 우리를 진리 자체의 요구로 인도합니다. 그처럼 소위 그리스도인의 분리문제는 역사를 그저 외면하거나 예수님을 우리 멋대로 우리 자신으로 창조해냄으로써 극복할 수는 없습니다.

다른 질문들도 모두 비슷합니다. 먼저 환경에 관한 질문부터 던져 봅시다. 우선 짤막한 이야기를 하나 해볼까 합니다.

프란치스코는 정원관리를 맡았던 형제에게 “정원 전체에 잎채소만 재배하지 말고, 일부는 꽃들을 위하여 남겨두도록” 요청합니다. 그는 일 년 내내 어느 시기든 꽃에 대한 사랑으로 꽃들을 가꾸는 수녀들을 ‘야생화와 계곡의 백합들’(Cant 2,1)이라 부릅니다. 마찬가지로 언제라도 사람들이 꽃들의 개화를 보고 감동하여 하느님을 찬미하도록 특별하고 아름다운 꽃밭이 만들어지기를 염원했을 것입니다. “그런 까닭에서 모든 피조물은 우리를 부릅니다. 아울러 하느님은 당신 때문에 나를 창조하셨습니다. 오 인간이여!”(완덕의 반영 XI 118).

참다운 가치에서 멀어진 목적, 소유에 대한 속편한 집착만이 무성한 역사에서 종교를 그저 시대착오의 잡동사니로 제쳐버릴 수는 없습니다. 그런 걸 기도하는 사람들은 프란치스코가 몸소 실천하였고 또 실천하고자 했던 것과는 정반대로 나아가자는 것입니다. 특히 회복이 어려울 정도로 자연이 훼손된 것을 보고 자연의 질서를 깨트리는 인간에 대한 혐오감으로 이어지기도 합니다. 자연에 관한 견해가 다양하지만, 그 가운데 이러한 인간 혐오감이 두드러집니다. 그러나 인간이 와해하면, 또 자기 자신을 더는 원치 않는다면 자연 또한 번

창하기 어렵습니다. 아니, 오히려 완전히 그 반대입니다. 그러기에 인간은 먼저 자기 자신에 대해 이해부터 해야 합니다. 그래야만 창조와 함께 인간 스스로를 이해하고, 그 이해와 함께 참다운 창조의 이해로 다가갈 수 있습니다. 인간 자신에 대한 이해로 자연을 대하고, 또 우리 인간을 원하신 창조자와 더불어 살아갈 때 자연과 인간 세상을 다시 번창하게 할 수 있습니다. 인간과 자연에 대한 존중은 함께 맞물립니다. 이 둘의 번창을 위해서는 창조주와 그분의 창조를 이해하고 경의를 표하며 그 척도를 찾아 따라야 합니다. 창조주에 의해서만 인간과 자연은 함께 어우러집니다. 이를 거부한다면 잃어버린 균형을 다시 찾을 수 없습니다. 아씨시의 프란치스코를 통해 우리 스스로를 성찰하고 그에게서 길을 찾는 이유입니다.

책을 펴내면서

저는 한국에서 생물학을 공부하고, 1966년 사도직 협조자가 되려고 프랑스 루르드로 건너갔다. 그리고 1967년 8월 신학을 공부하려고 독일로 옮겼다. 13세기에 독일 레겐스부르크에 뿌리를 내린 도미니쿠스 수도원은 자연과학과 철학을 가르쳤으며, 얼마 동안 토마스 아퀴나스의 스승이신 알베투스 마그누스가 머물었던 곳 거기에 지금의 레겐스부르크 신학대학이 세워졌다. 그런 까닭에 레겐스부르크 신학대학은 정신적인 학문 분야에서 가장 매력을 풍기는 요체로서 우뚝 서게 됐고, 바로 그 요체의 중심에 요셉 라칭거 교수(교황 베네딕토 16세)가 서 있었다. 그 당시 독일어 문화권에서만이 아니라, 다른 유럽 나라들 그리고 북미와 남미, 아시아와 아프리카에서 요셉 라칭거 교수님에게 신학을 배우려고 레겐스부르크 신학대학으로 모여들었다.

1969년 가을 학기 요셉 라칭거 교수님은 레겐스부르크 대학으로 부임하기 전에 그의 젊은 시절 본 대학에서 기초신학을 가르치면서 인도의 종교학자 폴 하크와 함께 종교학의 완벽한 만남을 이루어냈다. 무엇보다 특히 요셉 라칭거 교수님은 아우구스티누스 학문, 종교, 철학 그리고 그리스도적 신앙과의 관계를 포괄했다. 그는 제2차 바티칸 공의회(1962-1965) 조언자로 부름을 받았으며, 또한 뮌스터와 튀빙겐 대학에서 교의신학을 가르쳤다. 그러는 동안에 그는 곧 바로 가톨릭교회의 탁월한 신학자의 일인자로 인정받게 됐다.

저는 그분의 명성을 익히 알고 레겐스부르크에서 신학을 공부하려고 결심했다. 많은 이들이 신학공부가 쉽지 않다고 생각했듯이 저에게도 예외가 될 수 없었다. 신학을 공부하려면 우선 그것과 연관된 외래어와 철학을 배워야만 했다. 아직 독일어도 변변치 못한데 그 변변치 못한 독일어로 라틴어, 희랍어 그리고 히브리어를 배워야만 했기 때문이다. 그 때문에 저는 어떻게 해야만 신학을 한층 더 깊이 탐구할 수 있을지에 대한 회의를 갖지 않을 수 없었다. 그래서 저는 정치 신학의 영역에 관한 주제에 더 매력을 갖게 됐고 그리고 그것을 탐구하려고 생각했기에 라칭거 교수의 문하생에 소속되는 요청을 망설일 수밖에 없었다. 때 마침 저에게 소중한 조언을 아끼지 않았던 두 명의 라칭거 제자가 있었다. 라칭거 교수님 지도 아래 박사논문을 쓰도록 저에게 용기를 주었던 두 사람 가운데 한 분은 바로 마틴 트림퍼(독일 오스나부뤽 교구 사제이며 은퇴함)이었고, 또 다른 한 분은 그 당시 스위스 프리부르크 대학 교수직에 부름을 받았던 크리스토프 폰 쉔보른 교수(지금 오지리 비엔나의 대교구장이며 추기경이심)이었다. 더 나아가 쉔보른 교수는 저에게 대 중세 철학자이며 신학자인 토마스 폰 아퀴나스를 탐구하도록 권유했다. 그런 인연으로 저는 동서의 상호 문화적 만남을 위한 윤리의 핵심을 박사논문 주제로 선택하여 탐구하게 됐다.

그리하여 공자의 중심개념 '*인(仁)과 관련하여 토마스 폰 아퀴나스의 카리타스caritas*'(프랑크푸르트 1981)를 저의 박사논문 주제로 정했다. 그리고 쉔보른 교수는 제가 프리부르크 대학에서 한 학기 동안 토마스 폰 아퀴나스의 윤리를 작업할 수 있도록 모든 편의를 제공했다.

요셉 라칭거 교수님 자신은 제자들의 논문을 보살피기 위한 작업을 특별하게 하셨는 데 말하자면 매 학기마다 2주 아니면 3주 간격으로 박사과정 콜로키움 형식을 통해 토요일

오전에 실시했다. 그리고 토론에 들어가기 전에 먼저 미사성제를 봉헌하셨다. 미사성제가 끝나면 제자들 가운데 한 사람이 자신의 박사 논문 일부분을 발표하고, 발표를 마치면 제자들 상호 간 토론을 하도록 했다. 라칭거 교수님의 지도아래 그러한 일련의 과정은 다른 유명 교수님들과도 제자공동체를 위한 학문적이고 영적인 만남으로 이루어졌다. 요셉 라칭거 교수님의 70세 되던 해에 하인리히 슐리어, 발터 카스퍼 그리고 칼 라너, 그 외에 다른 개신교 신학자들 판넨 부르크와 마틴 행겔을 초대하여 담론을 펼치기도 했다.

레겐스부르크 시절에 제가 라칭거 제자공동체에 소속된 개방적이고 영적인 우정의 관계를 맺을 수 없었다면 아마 저의 신학공부는 미완성으로 남았을 것이다. 최종적으로 저는 그 길을 독일 슈발츠 발트에 있는 작은 가톨릭 학술원에서 발견했으며, 여름 방학이 되면 그곳에서 철학교수들과 신학교수들, 학생들과 그것에 관심을 갖는 사람들에게 개방된 방식의 가족적인 만남을 통해 강의들을 듣고 토론하며, 또한 서로에게서 삶을 배우고 그리고 서로에게 정신적 영적으로 배려하는 그런 우정의 만남을 갖게 됐고 그리고 그 삶을 레겐스브르크에서 입증하게 됐다. 대학과 병행하여 그들은 많은 신학적 영적 대화를 이끌었고, 또한 부족함 없이 그러한 배움에 대한 비판적인 순간에 함께 있었고 그리고 서로를 격려하면서 그 길을 갈 수 있도록 도와주는 삶의 공간을 만들어 갔다.

이 모든 것은 저에게 점진적으로 새로운 고향, 즉 새로운 문화적 근거를 의미했다. 레겐스브르크는 저에게 이미 고향이나 다름 없었다. 하지만 한국의 고향으로 되돌아가야 한다는 확고한 신념과 과제가 주어졌다. 한국에서 특히 광주에서 이러한 노고의 결실과 만남이 저 자신의 심원한 한국문화의 뿌리에다 독일에서 배운 그리스도적 신앙에 근거한 윤리와 문화 그리고 한국의 전통문화세계 사이의 징검다리 역할을 하기 위해서 저 자신의 모든 학문 활동을 통해 명백하게 드러났다.

오늘에 이르기까지 라칭거 교수의 제자 공동체는 스승님과 함께 거의 매년 학문적 영적 교류를 위한 만남을 갖고 있다. 제자 공동체는 2002년 4월 스승님의 75세 생신을 축하하기 위해 로마에서 "*communio*"라는 주제로 심포지움을 개최했다. 이 모든 것은 다 저희에게 베풀어 주신 스승님의 크신 은

덕이었다. 하느님께서 갚아주시기를!

2013년 9월 제자공동체 모임에서 스승님을 마지막으로 뵙고 떠날 때 "*영육의 건강을 빈다.*"그리고 "*이승에서 다시 만날 수 없다면 다른 세상에서 다시 만나게 될 것이다.*" 라고 하신 스승님의 말씀이 아직도 마음 한 켠에 남아있는 데. 겸손과 온유함으로 약자와 소외된 자 그리고 병자들을 항상 품어 않으셨듯이 스승님은 "*그분은 커지셔야하고 나는 작아져야한다*"는 것을 몸소 실천하셨다. 2021년 4월이 되면 스승님의 춘추 94세이시다. 세월은 빗겨 갈 수 없지만 그 분의 학문과 지혜 그리고 복음 삼덕(三德)은 저녁노을처럼 이 지구를 붉게 물들게 할 것이다.

1989년 9월 26일 로마방문 때 저의 스승이신 요셉 라칭거 추기경님께서는 두 권의 소중한 책을 방문 기념으로 저에게 주셨다. 그중 한 권의 책 제목이 "*저 위에 있는 것을 추구하십시오.*"(콜로 3,1)이다. 매년 제자 모임에서 뵈올 때마다 스승님은 '잠'에서, '밤'에서 깨어나도록 저희들의 영혼을 늘 일깨워주곤 했다. 이제 우리는 COVID-19로 절규하는 세상 속에서 사유의 전환을 새롭게 요청받고 있다. COVID-19가 인간의 무절제한 욕망을 꾸짖고, 인간의 나약함을 일깨운다. 이제 우리는 서로에게서 삶을 다시 배우고, 삶을 위해 서로를 배려해야 한다. 이 소 책자 속에 담긴 묵상 내용이 바로 그것에 답하고 있다. 스승님의 뜻을 널리 기리고자 감히 용기를 내어 번역을 시도했다. 비록 졸역이지만 365일의 묵상을 통해 자신의 생각과 행위를 실천의 길로 이어가기를 바란다.

그리고 끝으로 이 책이 출판되기까지 온갖 어려운 일을 맡아 격려와 성원으로 애써주신 존경하는 정종휴 전 주교황청 한국 대사님과 전북대학교 김동운 교수님께 이 지면을 통해 감사드립니다. 교정해 주신 출판사 편집부에도 그 노고에 감사드립니다. 고맙습니다.

광주에서 2021년 주님봉헌축일에

김정희 빅토리아 (전남대학교 명예교수)

저자 75세 생신 기념 심포지움 논문발표(바티칸)

Für Frau Viktoria Kim

zum Gedenken an die erste Be-

gegnung in Rom

Joseph Card. Ratzinger

13. Febr. 1986

[옮긴이]

김정희(金貞熙)

1965	조선대학교 생물학과 졸업
1966-1967	프랑스 루르드 Formation Religieuse
1968-1979	독일 레겐스부르크 대학, 스위스 프리브르그 대학에서 철학과 신학 수학.
1979	독일 레겐스부르크 대학에서 신학박사학위 취득(지도교수 요셉 라칭거－베네딕토 16세 교황)
1982-2004	전남대학교 사범대학 윤리교육과 교수
1997-2001	전남대학교 종교문화연구소 설립 및 초대 소장
2004-	현재 전남대학교 명예교수

[주요저서]

- "Caritas" bei Thomas von Aquin im Blick auf den konfuzianischen Zentralbegriff "Jen", Verlag Peter D. Lang, Frankfurt 1981
- 은총의 침묵속에서의 마리아, 성바오로 출판사, 서울 1992
- 기도를 가르쳐 주십시오, 전남대학교 종교문화연구소 1997
- 삶과 윤리, 전남대 출판부, 광주 1998
- 전환기의 새로운 인간학 모색, 전남대 출판부, 광주 2003
- 교회의 여성, 가톨릭 출판사(으뜸사랑), 서울 2014

[주요역서]

- J. Ratzinger 시온의 딸, 성바오로 출판사, 서울 1990
- R. Schaeffler 종교철학, 전남대 출판부, 광주 1995